CITY|TRIP

MARRAKESCH

Inhalt

043ma Abb.: ad

Sonstige Hinweise

- **Marokkanisch-Arabische bzw. historische Fachbegriffe** sind im **Glossar** (Anhang) erklärt.
- Außer den üblichen deutschen **Abkürzungen** z. B. für Tage oder Monate wurden die folgenden verwendet:
  Av. – Avenue (Straße)
  Bd. – Boulevard
- Marrakesch hat seit Anfang 2009 die **Vorwahl 0524**. Diese **muss immer mitgewählt werden!** Vorsicht: Auf manchen Visitenkarten und Internetseiten stehen noch die alte Vorwahlen 044 oder 024.
- **Preisangaben** erfolgen in Marokkanischen Dirham (Abkürzung „DH"), akt. Wechselkurs siehe „Geldfragen".

Astrid Därr

CITY|TRIP

MARRAKESCH

Nicht verpassen!

1 Kutubiya-Moschee [L11]
Das 77 m hohe und über 800 Jahre alte Minarett der Moschee überragt die Dächer der Medina und ist das Wahrzeichen der Stadt. Der monumentale Turm dient neben der Giralda in Sevilla noch heute als architektonisches Vorbild für marokkanische Moscheebauten (s. S. 60).

2 Djamâa el-Fna [N11]
Akrobaten, Schlangenbeschwörer und Geschichtenerzähler – der „Platz der Gehenkten" bietet noch echtes orientalisches Leben mit Spektakeln für Einheimische und Touristen. Abends verwandelt sich der weltbekannte Platz in ein Freiluftrestaurant mit Garbuden (s. S. 61).

3 Souks [O9/N9]
Ein Bummel durch die verwinkelten Gassen der Medina mit ihren Souks ist ein Erlebnis. Hier gibt es alles zu kaufen: duftende Gewürzberge und skurrile Wunderheilmittel am Gewürze-Souk, Lampen auf dem Souk der Eisenschmiede, bunte Stoffe auf dem Wollfärber-Souk, weite Umhänge auf dem Textil-Souk, Taschen aus Kamelleder auf dem Leder-Souk … (s. S. 63)

5 Medersa Ben Youssef [O8]
Diese ehemalige Hochschule für islam. Theologie aus dem 14. Jh. ist eines der prachtvollsten Beispiele maurischer Architektur: Täfelungen aus Zedernholz, Marmor, Stuckornamente und Mosaike fügen sich zu einem einzigartigen Ensemble (s. S. 68).

12 Bahia-Palast [P12]
Dieser riesige Wesirspalast war einst Residenz des franzosenfreundlichen Paschas El Glaoui. Bei einer Führung durch die Gemächer und Gärten gewinnt man einen bleibenden Eindruck vom luxuriösen Leben der Oberschicht zur vorletzten Jahrhundertwende (s. S. 75).

15 Saadier-Gräber [N14]
Die lange Zeit vergessene, in unvergleichlicher Kunstfertigkeit mit Stuckornamenten, Mosaiken und Marmor ausgestattete Grabstätte aus dem 16. Jh. ist eine der meistbesuchten und größten Attraktionen der Stadt (s. S. 78).

17 Jardin Majorelle [I5]
Der Jardin Majorelle von Yves Saint Laurent und Pierre Bergé gilt als einer der schönsten botanischen Gärten der Welt. Bei einem Spaziergang zwischen riesigen Kakteen, Palmen, Bambusgewächsen und Wasserbassins mit Schildkröten und Lotusblüten fühlt man sich wie in einem kleinen Paradies (s. S. 84).

Leichte Orientierung mit dem cleveren Nummernsystem

Die Sehenswürdigkeiten der Stadt sind zum schnellen Auffinden mit **fortlaufenden Nummern** versehen. Diese verweisen auf die ausführliche Beschreibung **im Kapitel „Marrakesch entdecken"** und zeigen auch die genaue Lage **im Stadtplan.**

Benutzungshinweise

Cityatlas und City-Faltplan

Die im Buch beschriebenen Örtlichkeiten wie Sehenswürdigkeiten, Restaurants, Hotels, Cafés usw. sind im Kartenmaterial mit Symbol und Nummer eingetragen.

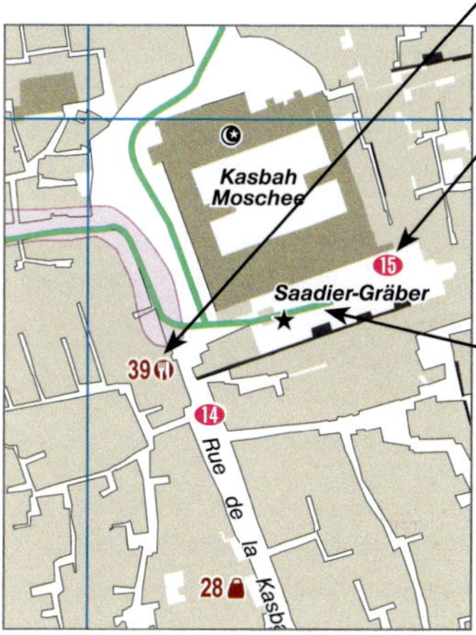

Bewertung der Sehenswürdigkeiten

★★★ auf keinen Fall verpassen
★★ besonders sehenswert
★ wichtige Sehenswürdigkeit für speziell interessierte Besucher

Exkurse zwischendurch

Orientierungssystem

Zur schnelleren Orientierung tragen alle Hauptsehenswürdigkeiten und Lokalitäten sowohl im Text als auch im Kartenmaterial die gleiche Nummer:

39 Mit Symbol und fortlaufender Nummer werden die sonstigen Lokalitäten wie Cafés, Geschäfte, Hotels, Infostellen usw. gekennzeichnet.

15 Mit einer fortlaufenden magentafarbenen Nummer sind die Hauptsehenswürdigkeiten gekennzeichnet. Steht die Nummer im Fließtext, verweist sie auf die Beschreibung dieser Sehenswürdigkeit im Kapitel „Marrakesch entdecken“.

› Die farbige Linie markiert den Verlauf des Stadtspaziergangs (s. S. 8).

[N14] In eckigen Klammern steht das Planquadrat im Kartenmaterial, in diesem Beispiel Planquadrat N14.

Ortsmarken ohne Angabe des Planquadrats liegen außerhalb des Kartenmaterials. Sie können aber wie alle Örtlichkeiten in unseren speziell aufbereiteten Luftbildkarten auf der Produktseite dieses Buches unter www.reise-know-how.de lokalisiert werden.

Bildnachweis

Die Kürzel an den Abbildungen stehen für folgende Fotografen, Firmen und Einrichtungen. Wir bedanken uns für die freundliche Abdruckgenehmigung.
Astrid Därr (die Autorin): ad
Dainis Derics, Dreamstime.com: dd
Dar Zellj: dz
Fotolia.com: Titelbild und fo
La Mamounia, Marrakesch: lm
Oasiria: po
Riad Noir d'Ivoire: ni
Simon Hack, Dreamstime.com: S. 2

Impressum

Astrid Därr

CityTrip Marrakesch

erschienen im
Reise Know-How Verlag Peter Rump GmbH,
Osnabrücker Str. 79, 33649 Bielefeld

4., neu bearbeitete und komplett aktualisierte Auflage 2012

ISBN 978-3-8317-2152-8
Printed in Germany

Dieses Buch ist erhältlich in jeder Buchhandlung Deutschlands, der Schweiz, Österreichs, Belgiens und der Niederlande. Bitte informieren Sie Ihren Buchhändler über folgende Bezugsadressen:

Deutschland: Prolit GmbH, Postfach 9, D-35461 Fernwald (Annerod) sowie alle Barsortimente
Schweiz: AVA Verlagsauslieferung AG, Postfach 27, CH-8910 Affoltern
Österreich: Mohr Morawa Buchvertrieb GmbH, Sulzengasse 2, A-1230 Wien
Niederlande, Belgien: Willems Adventure, www.willemsadventure.nl

Wer im Buchhandel kein Glück hat, bekommt unsere Bücher auch über unseren Büchershop im Internet:
www.reise-know-how.de

Herausgeber: Klaus Werner
Lektorat: amundo media GmbH
Layout: Günter Pawlak (Umschlag), Anna Medvedev (Inhalt)
Karten: Ingenieurbüro B. Spachmüller, amundo media GmbH
Druck und Bindung: Himmer AG, Augsburg
Fotos: siehe Bildnachweis S. 5
Anzeigenvertrieb: KV Kommunalverlag GmbH & Co. KG, Alte Landstraße 23, 85521 Ottobrunn, Tel. 089 928096-0, info@kommunal-verlag.de

Alle Informationen in diesem Buch sind von der Autorin mit größter Sorgfalt gesammelt und vom Lektorat des Verlages gewissenhaft bearbeitet und überprüft worden.
Da inhaltliche und sachliche Fehler nicht ausgeschlossen werden können, erklärt der Verlag, dass alle Angaben im Sinne der Produkthaftung ohne Garantie erfolgen und dass Verlag wie Autorin keinerlei Verantwortung und Haftung für inhaltliche und sachliche Fehler übernehmen.
Die Nennung von Firmen und ihren Produkten und ihre Reihenfolge sind als Beispiel ohne Wertung gegenüber anderen anzusehen. Qualitäts- und Quantitätsangaben sind rein subjektive Einschätzungen der Autorin und dienen keinesfalls der Bewerbung von Firmen oder Produkten.

Wir freuen uns über Kritik, Kommentare und Verbesserungsvorschläge:
info@reise-know-how.de

Latest News

Unter **www.reise-know-how.de** werden regelmäßig aktuelle Ergänzungen und Änderungen der Autoren und Leser zum vorliegenden Buch bereitgestellt.
Sie sind auf der Produktseite dieses CityTrip-Titels abrufbar.

Auf ins Vergnügen

079ma Abb.: dd

Wer hat nicht schon einmal vom Orient geträumt, von farbenfrohen Märkten, prachtvollen Palästen und kulinarischen Köstlichkeiten? Marrakesch verbindet den Traum vom Orient mit modernem Komfort und Lebensqualität. Am Rande der schneebedeckten 4000er des Hohen Atlas bietet die „Rote Stadt“ Individualisten, Kulturinteressierten, Sonnenanbetern wie sportlich Ambitionierten ungezählte Urlaubsfreuden. In diesem Kapitel sind die besten Möglichkeiten für verschiedene Erlebnisarten zusammengestellt. Natürlich lassen sich die Anregungen beliebig zu einer individuellen Erlebnistour abwechslungsreich kombinieren.

Wer nur ein Wochenende in Marrakesch verbringt und das Wichtigste nicht verpassen möchte, findet im folgenden Abschnitt unsere Empfehlungen für eine kurzweilige Gestaltung des Aufenthalts.

Marrakesch an einem Wochenende

Ob auf Shoppingtour in den Souks, bei der Besichtigung von Meisterwerken der maurischen Architektur oder dem Genuss marokkanischer Spezialitäten in einem Palastrestaurant – in nur wenigen Tagen kann man in Marrakesch viel entdecken und erleben. Mit den folgenden Tipps wird das Wochenende unvergesslich.

◄ *Vorseite:*
An einem Schnecken-Stand auf dem Djamâa el-Fna 2

1. Tag: Spaziergang durch die Medina

Morgens

Der Tag beginnt am schönsten Stadttor Marrakeschs, dem **Bab Agnaou** [M14]. Es bietet Einlass in das ummauerte **Kasbah-Viertel** 14 mit der großen Kasbah-Moschee. Direkt am südlichen Ende der Moschee führt eine schmale Gasse zum Eingang der **prachtvollen Saadier-Gräber** 15 aus dem 16. Jh. Wer sich hier früh anstellt, ist im Vorteil – im Laufe des Vormittags füllt sich die Anlage mit Besuchergruppen.

Über die Rue Dar Daou und die Rue Sidi Mimoun erreicht man die herrlichen Gärten der **Kutubiya-Moschee** 1, in denen man gut eine kurze Verschnaufpause einlegen kann. Am nahegelegenen **Djamâa el-Fna** 2, dem „Platz der Gehenkten“, gönnt man sich am besten ein Gläschen frisch gepressten Orangensaft, der an vielen Ständen angeboten wird. Vormittags ist es auf dem weltberühmten Platz der Gaukler und Akrobaten noch relativ ruhig. Die Schausteller und Musiker kommen erst im Laufe des Nachmittags, wenn der Platz für den Verkehr gesperrt ist.

An der Nordseite des Djamâa el-Fna beginnt das **Gassenlabyrinth der Souks** 3. Der Spaziergang führt durch den Textilien-Souk (Souk Semarine) vorbei am Place Rahba Kedima [O9] mit Korbwaren, Gewürzen und Kräutern zur gedeckten Kissaria, an der Babuschen, Kaftane u.a. feilgeboten werden. Im Souk Cherratine bearbeiten die Handwerker gegerbtes Leder. Am Platz Ben Youssef im Vorhof des sehr sehenswerten **Musée de Marrakech** 4 verführt ein Café zu einer Pause mit einem *thé à la menthe* (Pfefferminztee).

Hungrige kehren nach dem Museumsbesuch ins **Restaurant Le Foundouk** (s. S. 28) im Gebäude eines alten Karawanserails ein. (In der Gasse des Restaurants verbergen sich mehrere alte Funduqs, in deren Innenhöfe man einen Blick werfen sollte.) Die **Medersa Ben Youssef** 5 aus dem 14. Jh. (wenige Schritte vom Musée de Marrakech entfernt) ist eines der ältesten und mit seinen filigranen Stuckornamenten und Zedernholzarbeiten auch eines der eindrucksvollsten Gebäude in Marrakesch. Mittags, wenn die meisten Marrakeschbesucher beim Essen sitzen, ist es hier nicht ganz so voll. Anschließend sollte man noch die nahegelegene Kuppel der **Koubba El-Badiyin** bzw. Almoravide 6 von innen betrachten.

Weiter durch die Souks Richtung Südwesten herrscht im Souk Haddadine das infernalische Gehämmer der Eisenschmiede. Etwas weiter kann man im **Wollfärber-Souk** beim Färben bunter Stoffe zusehen. Der einst prachtvolle Mouassine-Brunnen bei der großen **Moschee Mouassine** [N9] zerfällt leider zusehends. Wer jetzt erst eine Mittagspause einlegt, kann etwas nördlich ins Café Arabe (s. S. 27) mit marokkanischer und italienischer Küche einkehren. Schließlich führt der Spaziergang auf den Djamâa el-Fna 2 zurück.

Abends

Inzwischen ist **der Djamâa el-Fna zum Leben erwacht:** Schlangenbeschwörer, Verkäufer von Wunderheilmitteln, Märchenerzähler, Schauspieler, Akrobaten und Gnaoua-Musiker dominieren den Platz. Es herrscht ein buntes und lautes Treiben, in dem Einheimische und Touristen Unterhaltung suchen. Am besten beobachtet man den Trubel von der **Dachterrasse eines der Cafés**. Bei gegrillten Fleischspießchen, Suppe und frischen Salaten an einer der Garbuden taucht der Besucher endgültig in den Orient ein und genießt die einmalige Atmosphäre des Platzes, während hinter dem Minarett der Kutubiya-Moschee die Sonne glühendrot am Horizont versinkt.

Wer zu späterer Stunde noch einen **Drink** in chilligem Ambiente einnehmen möchte, flaniert entlang der Riad Zitoun el Kedim nach Süden zur Kosybar (s. S. 28), die sich am Place des Ferblantiers befindet.

> **Routenverlauf im Stadtplan**
> Der hier beschriebene Spaziergang ist mit einer farbigen Linie im Stadtplan eingezeichnet.

2. Tag: Abstecher in die Neustadt

Morgens

Um 8 Uhr morgens ist es im **Jardin Majorelle** 17, dem schönsten Garten Marokkos, noch herrlich ruhig. Am Ausgang warten schon geschäftstüchtige Kutscher auf Touristen, die sie z. B. zum großteils verfallenen **El-Badi-Palast** 13 bringen. Auf den hohen Mauern nisten Dutzende Störche, die sich gut von der Terrasse eines Cafés beim Place des Ferblantiers [O13] beobachten lassen. Am Platz selbst haben sich die Lampenhändler angesiedelt.

Durch den überdeckten, lebhaften Markt der **Mellah** 16 geht es ins ehemalige Judenviertel. Hier kann man noch unverfälschtes marokkanisches Alltagsleben beobachten. Besonders sehenswert ist der verwilderte Jüdische Friedhof mit hebräisch beschrifteten Grabsteinen.

Mittags

Entlang der Riad Zitoun Djedid mit Souvenirläden geht es in Richtung Djamâa el-Fna. Im alternativ angehauchten Earth Café (s. S. 32) in einer der Seitengassen gibt es viele leckere Snacks und vegetarische Gerichte zum Mittag. Am Park Arset el-Bilk südlich des Djamâa el-Fna verkehren Busse und Kutschen zu den etwas außerhalb gelegenen **Menara-Gärten** ⓲ mit weitläufigen Olivenplantagen und dem großen Wasserbassin mit Pavillon.

Auf der Rückfahrt lässt man sich am Abzweig zum Av. Mohammed VI. absetzen und marschiert die Prachtmeile in nördlicher Richtung in die Neustadt. Das an dem Boulevard gelegene, riesige **Théâtre Royal** (s. S. 40) ist eines der modernsten und prestigeträchtigsten Gebäude der Stadt. Der Place du 16 Novembre [G8] mit der Marrakech Plaza bildet das **Zentrum von Guéliz**, des modernen Marrakesch. Hier kann man shoppen, in Galerien die Werke zeitgenössischer marokkanischer Künstler bewundern oder gemütlich in einem Straßencafé sitzen und sich eine Pause vom in der Medina (vielleicht) erlittenen Kulturschock gönnen.

Abends

Nach den Strapazen des Stadtrundgangs ist ein **Besuch in einem traditionellen Hammam** (s. S. 43) mit Massage genau das Richtige, um sich den Staub und Schweiß vom Leib zu waschen und zu entspannen.

Zu einem Marrakeschaufenthalt gehört der **Besuch eines Palastrestaurants**, z. B. des Dar Zellij (s. S. 27). Dort genießt man ein Menü mit köstlichem Tajine oder Couscous und marokkanischem Wein bei Kerzenlicht – und das alles in perfekter Orientatmosphäre in einem renovierten Palast der Medina mit Springbrunnen, Stuckornamenten, Mosaikböden und Kellnern in kolonialen Roben. Wer danach noch ausgehen und mit der lokalen Schickeria tanzen und Cocktails schlürfen möchte, der steuert das **Jad Mahal** (s. S. 36) oder den **Pacha Klub** (s. S. 37) an.

Zur richtigen Zeit am richtigen Ort

März, April, Mai

› **Festival International de la Magie:** Das 2004 erstmals initiierte Festival (vier Tage Dauer) zieht jedes Jahr mehr Zuschauer an: Bekannte Zauberer, Pantomimen und Artisten verschiedener Nationalitäten verblüffen ihr Publikum im Théâtre Royal (s. S. 40), am Djamâa el-Fna ❷ und im Megarama Komplex. Die kostenlosen Veranstaltungen sind besonders für Kinder geeignet.

› **Festival International du Théâtre:** Marokkanische und internationale Theatergruppen präsentieren im April eine Woche lang ihre Inszenierungen im Théâtre Royal (s. S. 40) und Dar Takafa.

› **Le printemps de la poésie:** An drei Tagen Ende März/Anfang April finden Lesungen zeitgenössicher Poeten in Französisch, Arabisch und Tamazirt (Berberisch). Veranstalter ist das Institut Français (www.ifm.ma).

› **Jardin'Art – Festival de l'Art du Jardin:** Das Festival (erstmals 2007) auf Initiative der Zeitschrift „Jardins du Maroc" (Gärten Marokkos) soll auf die Bedeutung der meist historisch begründeten Gartenanlagen Marrakeschs aufmerksam machen und zu deren Bewahrung beitragen (vier Tage im April, www.jardinsdumaroc.com).

Juni, Juli, August

› **Festival National des Arts Populaires (FNAP):** Dies ist die größte und wohl bedeutendste Kulturveranstaltung der Stadt mit Folklore-Musikgruppen und Artisten aus allen Teilen Marokkos. Im Jahr 2011 fand das Festival mit hunderten Künstlern und mehr als 200.000 Zuschauern bereits zum 46. Mal statt. Bei den Spektakeln im El-Badi-Palast ⓭ und an anderen Veranstaltungsorten kann der Besucher die kulturelle Vielfalt Marokkos und ihre musikalischen Ausprägungen kennenlernen: traditionelle Musik der Berber aus dem Hohen Atlas, andalusisch geprägte Melodien aus Nordmarokko, mystische Rhythmen der Gnaoua aus Essaouira usw. (1 Woche im Juli, www.marrakech-festival.com).

› **Ramadan:** Während der Fastenzeit im 9. Monat des islamischen Mondkalenders dürfen gläubige Muslime – mit Ausnahme von schwangeren Frauen, Reisenden, Kranken, Alten und Kindern – einen Monat lang von Sonnenauf- bis -untergang weder essen, trinken, rauchen noch Sex haben. Das öffentliche Leben ist zur Zeit des Ramadans tagsüber nahezu lahmgelegt, da nachts gefeiert und gegessen wird und tagsüber Erholung und Schlaf nachgeholt werden. Um den Durst nicht unerträglich werden zu lassen, bleiben viele Menschen – besonders bei der großen Hitze der derzeit frühen Ramadantermine (August!) – tagsüber möglichst im Haus und meiden körperliche Anstrengung. Die Frauen sind dagegen den ganzen Tag mit kochen und einkaufen für das nächtliche Festmahl beschäftigt.

In Marrakesch öffnen im Ramadan viele Läden erst ab 11 Uhr vormittags ihre Pforten, die meisten Cafés am Djamâa el-Fna servieren nur im Obergeschoss Getränke und Speisen an Touristen oder verkaufen bis zum abendlichen Ruf des Muezzins zum Fastenbrechen (*Fitr*, ca. 19 Uhr) gar keine Speisen. Sobald die Familien ihre erste Mahlzeit eingenommen haben, füllt sich der Platz dafür umso mehr: Die Bänke der Garbuden sind übervoll, an jeder Ecke gibt es honigklebriges Ramadangebäck – es wird gefeiert und flaniert bis in die Morgenstunden. Kinder kaufen sich auf der Straße kleine, pink und grün gefärbte Küken zum Spielen. Auch die meisten Museen sowie historische Monumente haben während des Ramadan verkürzte Öffnungszeiten (9–15 Uhr).

Das Fasten ist als eine der „Fünf Säulen des Islam“ Pflicht für jeden Muslim. Aus Rücksicht und Respekt sollten Touristen zu dieser Zeit in der Öffentlichkeit tagsüber möglichst nicht trinken, essen oder rauchen.

Voraussichtlicher Ramadantermin für 2012: 20. Juli bis 19. August

September, Oktober

› **Salsa Festival International de Marrakech:** Im Oktober 2011 fand im Hotel Palmeraie Golf Palace schon zum vierten Mal das 4-tägige Tanzfestival mit Tanzkursen und Shows internationaler Salsatänzer statt: www.salsafestival-marrakech.com.

November bis Februar

› **Festival international du Film de Marrakech:** Jedes Jahr Anfang Dezember kommt zum Internationalen Filmfestival unter Schirmherrschaft von König Mohammed VI. für ein paar Tage ein bisschen Hollywoodglamour nach Marrakesch. In den letzten Jahren wurde der rote Teppich z. B. für internationale Produzenten und Stars wie Martin Sheen, Diane Kruger, Leonardo di Caprio, Susan Sarandon, Martin Scorsese, Jeremy Irons, Roman Polanski u. a. ausgerollt, die zu diesem Anlass nach Marrakesch reisten. Das Festival, das im Dezember 2011 zum elften Mal stattfand, widmet sich internationalen Filmen jeden Genres. An den verschiedenen Veranstaltungsorten (u. a. Kinos Mabrouka und Colisée, Palais des Congrès, Djamâa el-Fna) werden mehr als 460 Filme gezeigt, darunter auch nicht nominierte, international ausgestrahlte Kinofilme. Der Djamâa el-Fna diente z. B. schon als Open-Air-Schauplatz für die Trilogie von „Matrix". Das Programm wird in den Tageszeitungen veröffentlicht (acht Tage Ende November/Anfang Dezember, www.festivalmarrakech.info).

- **Marathon International de Marrakech:** Jedes Jahr am 3. oder 4. Sonntag im Januar nehmen mehr als 5000 marokkanische und ausländische Athleten an diesem Großereignis teil. Die Strecke führt durch die Palmeraie 20 und entlang der Stadtmauern am Rande der Medina (Kinderlauf am Samstag zuvor, www.marathon-marrakech.com).

Religiöse Feiertage

Die religösen Feiertage sind vom islamischen Mondjahr abhängig und verschieben sich jedes Jahr um ca. 11 Tage nach vorne. Aktuelle Festtermine sind auch im Internet unter **www.islam.de** zu finden.

- **Aid es Seghir (Aid al-Fitre):** Das Fest am Ende des Fastenmonats Ramadan findet 2012 voraussichtlich am 19. August statt.
- **Aid el Kebir (Aid el Adha):** Das Opferfest (im Volksmund auch Hammelfest) erinnert an die nicht vollzogene Opferung Ismails durch seinen Vater Ibrahim (Abraham). Dieses Fest dauert vier Tage bis eine Woche und überall in der islamischen Welt werden zu diesem Anlass Hammel geschlachtet. Das Hammelfest beginnt 2012 voraussichtlich am 25.10.
- **Mouloud (Veladet):** Geburtstag Mohammeds (2012 am 3./4.2.).
- **Rass El-Ain (islam. Neujahrstag):** Der islamische Neujahrstag ist 2012 am 15.11.
- **Achoura:** Der 10. Tag des islamischen Monats Muharram ist ursprünglich ein Trauer- und Bußtag in Gedenken an den Märtyrer Hussain, Enkel des Propheten. Achoura hat in Marokko Festcharakter, für Kinder ähnlich wie Weihnachten (mit Geschenken und Süßigkeiten). 2012 fällt Achoura voraussichtlich auf den 24. November.
- **Pilgerfahrt (Hadj):** Der Tag des Aufbruchs zur Pilgerfahrt nach Mekka. Hat man einmal in seinem Leben das Pilgerziel erreicht, darf man sich „al Hadj" nennen.

Staatliche Feiertage

- **1. Januar:** Neujahrsfest
- **1. Mai:** Tag der Arbeit
- **14. Mai:** Jahrestag der Armeegründung
- **30. Juli:** Fest der Thronbesteigung König Mohammeds VI. *(Fête du Throne)*
- **20. August:** Fest des Königs und des Volkes *(Fête du Roi et du peuple)*
- **21. August:** Fest der Jugend *(Fête de la Jeunesse)* am Geburtstag von König Mohammed VI.
- **6. November:** Jahrestag des „Grünen Friedensmarsches" zum Wiederanschluss der ehemaligen spanischen Sahara *(Anniversaire de la Marche Verte)*
- **18. November:** Unabhängigkeitsfest *(Fête de l'Indépendance)*

► *Folkloreaufführungen stehen bei Touristen hoch im Kurs*

Marrakesch für Citybummler

Die Medina ist eine einzige große Fußgängerzone: Die verwinkelten Gassen sind zu schmal für den Autoverkehr, nur ein paar Straßen erschließen als Zugangsachsen die Altstadt. Auch der Djamâa el-Fna ist nachmittags und abends für Autos gesperrt – ideale Voraussetzungen für Citybummler. Die Sehenwürdigkeiten der Medina sind alle zu Fuß erreichbar und Hitzeverträgliche verkraften auch den weiteren Marsch zu den Menara-Gärten und zum Jardin Majorelle. Highlights andalusisch-maurischer Architektur wie Medersen, Moscheen, Paläste und Funduqs liegen inmitten quirliger Souks. Cafés, Riads und weitläufige Gärten dienen als Oasen der Ruhe und bieten Entspannung vom Stadtbummel. Und wem doch einmal die Beine schmerzen sollten, der kann eine Pferdekutsche oder ein Taxi nehmen.

076ma Abb.: ad

Hauptorientierungspunkt für Stadtbummler ist das unübersehbare, alle Dächer überragende **Minarett der Kutubiya-Moschee** ❶ mit seinen Goldkugeln an der Spitze. Wer von der Neustadt zur Medina oder aus der Medina zum Djamâa el-Fna möchte, der hält sich in Richtung Kutubiya. Im Garten der Moschee findet man ein bisschen Ruhe vom Trubel Marrakeschs. Die **Hauptattraktion** der Stadt, der **Djamâa el-Fna** ❷, liegt nur ein paar Schritte weiter östlich. Hier tobt das orientalische Leben, hier können Citybummler Stunden verbringen, ohne dass ihnen langweilig wird. Am schönsten lässt sich das Treiben bei einem frisch gepressten Orangensaft oder *thé à la menthe* von einem der vielen Terrassencafés aus beobachten.

Die **Souks** ❸ nördlich des Platzes laden zu langen und immer spannenden Spaziergängen ein – entweder sucht man ein paar orientalische Souvenirs oder beobachtet einfach die Handwerker in ihren kleinen Werkstätten bei der Arbeit. Auch bei einer Woche Aufenthalt kann man in den Souks jeden Tag Neues entdecken. Doch Vorsicht: Auch Personen mit dem besten Orientierungssinn werden sich im Gassengewirr regelmäßig verlaufen. Inzwischen sind in den Hauptgassen zumindest ein paar Schilder zu den Sehenswürdigkeiten und Wegweiser zum Djamâa el-Fna angebracht. Um einen Überblick über die Souks, die Viertel der Altstadt und ihre Sehenswürdigkeiten zu gewinnen, kann es deshalb nicht schaden, am ersten Tag einen offiziellen Stadtführer zu engagieren (vgl. „Stadttouren und Stadtführer“).

Auch wenn die Medina offiziell für den Verkehr gesperrt ist, strapazieren die vielen **Mopedfahrer mit ihrem aggressiven Fahrstil** stark die Nerven aller Citybummler. Selbst in den engsten Gassen mit dem größten Gedrängel schießt alle paar Minuten ein laut hupendes Zweirad von hinten auf die

Fußgänger zu. Es bleibt dann nur eine Chance, um nicht überrollt zu werden: ein Sprung zur Seite! Während in Fès noch Eselskarren durch die Medina ziehen, hat hier (leider) die motorisierte Technik Einzug gehalten.

Nach einem Besuch der nördlichen Medina kann man durch die **Rue Bab Agnaou** [N11] – einer Fußgängerzone nach modernem Vorbild mit Cafés, Restaurants, Shops und Internetcafés – in Richtung Süden zum schönen Stadttor Bab Agnaou und dem Eingang zum **Kasbah-Viertel** mit den Saadier-Gräbern 15 wandern. Auch das historische Judenviertel, die **Mellah** 16, sollte in einen Stadtbummel miteinbezogen werden, denn hier erwartet den Citybummler noch ursprüngliches Altstadtleben.

011ma Abb.: ad

Wer offenen Auges durch die Medina marschiert, kann **mosaikverzierte Brunnen** entdecken, an denen Händler ihre Putzeimer auffüllen oder Passanten einen Schluck trinken. Der einst größte und prachtvollste Brunnen bei der Mouassine-Moschee [N9] ist leider weitgehend verfallen.

Maurische Architektur in meisterhafter handwerklicher Ausführung kann man bei einem Besuch der Medersa Ben Youssef 5, des Dar M'Nebhi (Musée de Marrakech) 4 und des Bahia-Palastes 12 bewundern. Keine der Moscheen darf von Nicht-Muslimen betreten werden, aber die Kutubiya-, Kasbah- und Mouassine-Moschee mit ihren prächtigen Eingangsportalen sind auch von außen eine Besichtigung wert.

Nach einem langen Stadtspaziergang ermöglicht ein Abstecher zum Cyber Parc (s. S. 42) zwischen Kutubiya-Moschee und Neustadt an der Av. Mohammed V. erholsame Minuten. Eine wahre **Oase der Ruhe** nach einer anstrengenden Stadtbesichtigung ist der Jardin Majorelle 17 in Guéliz. Volksnäher sind die Menara-Gärten 18, eine alte Obst- und Olivenplantage, in der sich die Bevölkerung zum Picknicken und zur Entspannung trifft. Dorthin oder auch einmal rund um die Stadtmauer kann man sich ganz romantisch mit einer der allgegenwärtigen Pferdekutschen *(calèche)* (s. S. 114) transportieren lassen.

Wem nach all der Kultur und Architektur ein bisschen Moderne fehlt, der nimmt sich ein Taxi oder den Stadtbus nach **Guéliz**, ins **Zentrum der Neustadt.** Entlang der Avenue Mohammed V. und in den Seitenstraßen reihen sich Boutiquen, Banken, Restaurants, Reise-, Mietwagen- und Immobilienagenturen aneinander. In einem der vielen Straßencafés und Eisdielen kann man auch als alleinreisende Frau unbelästigt Platz nehmen und einen Café au Lait genießen. An der Marrakech Plaza laden Boutiquen internationaler Ketten zum Einkaufen ein.

Marrakesch für Kauflustige

Marrakesch ist ein Mekka für Kauflustige! Orientalische Einrichtungsgegenstände und Wohnaccessoires, die in Europa auf alternativen Weihnachtsmärkten und in Spezialläden teuer verkauft werden, erhält man hier mit ein bisschen Handeln deutlich günstiger und in größerer Auswahl. Die Souks der Medina sind in ihrem Angebot immer mehr auf Touristen ausgerichtet und so findet man dort alle Arten von Lampen aus Messing, Kupfer oder gefärbtem Kamelleder, bunte Mosaiktische, schmiedeeiserne Spiegel und Paravents, Schatullen und Truhen aus Holz mit Perlmuttintarsien, bemalte Keramikvasen und -teller ...

Auch an kleinen **Gegenständen für Haushalt und Küche** fehlt es nicht: traditionelle Teekannen und -gläser, ziselierte Silbertabletts, handbestickte Tischdecken und Servietten etc. **Schmuckliebhaber** finden mit etwas Glück edle Stücke alten Berberschmucks. Die feinen Silberwaren der Tuareg sowie marokkanische Gold- und Silberanhänger gibt es bei zahlreichen Juwelieren zu kaufen. Als **kleinere Mitbringsel** eignen sich orientalische Gewürze von Koriander bis Safran, das besonders gesundheitsfördernde Arganienöl, Datteln oder grüner Tee mit einem Bündel frischer marokkanischer Minze. Wer sich einmal **orientalisch einkleiden** möchte, findet in Marrakesch schöne Schals und Kopftücher in knalligen Farben, Djellabahs, Kaftane und Babuschen aller Größen. Zu guter Letzt ist ein Marokkourlaub nicht vollständig ohne eine **Visite im Teppichladen**: Dort bekommt man bei einem Gläschen grünem Tee fachmännisch und ohne Kaufzwang alle Techniken, Muster und Farben erklärt – häufig sogar auf Deutsch.

Übrigens: Stadtführer, die mit Touristen unterwegs sind, erhalten eine hohe Provision auf deren Einkäufe. Vor allem mit einem inoffiziellen Führer wird man zwangsläufig durch diverse Geschäfte geschleift – auf der sogenannten *tour de magasin.* Am besten stellt man gleich vor dem Stadtrundgang klar, welche Art von Geschäften man sehen will und welche nicht. Ein Besuch in beispielsweise einer Weberei, Teppichmanufaktur oder Töpferei ist auch ohne Kaufabsicht lohnenswert.

◄ *In einem der Lampen-Funduqs an der Rue al Fassia*

Lebensmittel

Selbstversorger können sich in Marrakesch überall mit Lebensmitteln eindecken. In der Medina versorgen kleine **Krämerläden** die Bewohner der Viertel mit Konserven, Milch, Joghurt, Brot, Wasser usw. Händler verkaufen auf Handkarren Orangen und andere frische Früchte.

Geradezu himmlisch ist die Auswahl an **getrockneten Früchten, Datteln und Nüssen** an den Buden am Djamâa el-Fna ❷, in der Medina und in den Läden entlang der Rue de la Kutubiya zwischen Djamâa el-Fna und Av. Mohammed V. (günstiger).

Shoppingareale
Die wichtigsten Shoppingbereiche der Stadt sind im Kartenmaterial mit einer rötlichen Fläche markiert.

Die große Kunst des Handelns

„Es gibt Preise für einzelne Gegenstände und solche für zwei oder mehrere zusammen. Es gibt Preise für Fremde, die nur einen Tag in der Stadt sind, und solche für Fremde, die hier schon drei Wochen leben. (...) Man möchte meinen, dass es mehr verschiedene Arten von Preisen gibt als Menschen auf der Welt." Elias Canetti beschrieb es am anschaulichsten: Außer Lebensmittel ***muss in Marokko fast alles verhandelt werden*** *- in den touristischen Souks von Marrakesch erreicht man so bis zu einem Viertel des erstgenannten Preises, ein Nachlass von 50 % sollte auf jeden Fall herausspringen. Viele Händler in den Souks sind schon derartig touristenverwöhnt, dass es sinnvoll ist, zunächst einen Preisvergleich mit dem Ensemble Artisanal (s. S. 23) (hohe Festpreise) und den Souvenirläden in der Neustadt anzustellen.*

Für meisterhaftes Feilschen gilt allerdings eine ***Anstandsregel:*** *Ist der Händler (endlich) bereit, auf den von Ihnen gewünschten Preis einzugehen, wäre es mehr als unhöflich, die Ware nicht zu kaufen! Man sollte also erst gar keinen Handel beginnen, wenn man nicht die Absicht hat, den Gegenstand auch wirklich zu erwerben. Manchmal wird man zwar regelrecht zum Handeln gezwungen, aber meist kann man deutlich machen, dass nicht das geringste Interesse besteht, etwas zu kaufen. Sollte der Händler trotzdem nicht lockerlassen, nennt man einfach einen völlig übertrieben niedrigen Preis.*

Grundsätzlich gilt: Lassen Sie sich ***nie von einem Händler unter Druck setzen!*** *Will er Sie am Gehen hindern oder schlägt er einen aggressiven Ton an - sagen Sie ihm in aller Deutlichkeit, dass Sie sein Verhalten missbilligen und verlassen Sie den Laden. Drohen Sie notfalls mit der Touristenpolizei.*

Hier darf man nach Belieben kosten und seine Bestellung nach Gramm aufgeben. Zwei Eingangstore führen in den **Marché couvert** [O13], den gedeckten Markt an der Av. Hoummam El Fetouaki, in dem sich wunderbar das marokkanische Alltagsleben beobachten lässt. Dort gibt es frisches Obst, Gemüse, eingelegte Oliven, Schnittblumen, Eier, frischen Fisch, Fleisch und Hühner, denen beim Kauf vor den Augen des Kunden der Hals umgedreht wird. Im Gegensatz zu anderen Waren muss der Preis für Lebensmittel nicht verhandelt werden.

Verschiedene Sorten des chinesischen **grünen Tees,** der für die Zubereitung des *thé à la menthe* in marokkanischen Haushalten in großen Mengen verbraucht wird, kann man in kleinen Krämerläden kaufen. Frische Minze dazu gibt es auf dem Markt.

Europäisches Warenangebot bieten die **Supermärkte** in der Neustadt. Die riesigen Malls von Marjane und Metro verkaufen neben Lebensmitteln auch Alkohol. Das ist eine Ausnahme, denn Bier, Wein und andere **alkoholische Getränke** dürfen nur in wenigen lizensierten Läden verkauft werden. Man zahlt an einer gesonderten Kasse.

▶ *Duftende Gewürzberge in den Souks*

EXTRATIPP

Der **Rahba Kedima** [O9] ist neben dem Djamâa el-Fna einer der exotischsten Plätze von Marrakesch: Händler bieten Säcke voller Gewürze, die schmierige schwarze Olivenseife für den Hammam, traditionelle Kosmetikprodukte, lebende und getrocknete Chamäleons, Schildkröten und Echsen und allerlei seltsame Essenzen an. Das Treiben auf dem Platz beobachtet man am entspanntesten von der Dachterrasse des netten **Café des Epices** (s. S. 31). Nach Tee und Sandwich gehts dann gestärkt zurück ins Getümmel der Medina.

1 [C6] **ACIMA Supermarché,** 107, Av. Moh. Abdelkrim el Khettabi, tgl. 8.30 bis 22 Uhr. Zentral in der Neustadt gelegener, gut sortierter Supermarkt (auch Alkohol und Schweinefleischprodukte). Ein weiterer ACIMA Markt befindet sich schräg gegenüber dem Jardin Majorelle 17.

2 **Carrefour,** 6 km südl. Richtung Ourika im Shoppingzentrum Almazar, tgl. 9–22 Uhr. Riesiger Supermarkt nach französischem Vorbild, auch Arganienöl und Gewürze zu günstigen Preisen.

3 [E7] **Jeff de Bruges Chocolatier,** 17, Rue de la Liberté, Guéliz, www.jeff-de-bruges.com, Tel. 0524 430249, Mo.–Sa. 9–13 u. 15–19.30 Uhr. Der klimatisierte Laden einer französischen Franchise-Kette ist ein Schlemmerparadies für Schokoladenliebhaber: Pralinen und Bruchschokolade sowie andere, ebenso verlockende Süßigkeiten. 100 g Pralinen à 50 DH, 1,5 kg (!) zu 750 DH.

4 **Marjane,** Route de Casablanca, Semlalia, tgl. 9–22 Uhr. Riesiger Hypermarché mit europäischem Warenangebot von Alkohol über Lebensmittel bis zu Kleidung. Gutes und günstiges (Bio-) Arganienöl.

Gewürze und traditionelle Kosmetik

Die **bunten, pyramidenförmig aufgeschütteten Gewürzberge** entwickelten sich zum Klischeebild orientalischer Souks. Diverse Gewürze, Kräuter und Öle gibt es an Ständen rund um den Rahba Kedima [O9] in der nördlichen Medina (siehe 3), in sogenannten Herboristerien (traditionelle Apotheken) und im Marché Central [G8] in der Neustadt zu kaufen. Die Mischung **Ras el-Hanut** aus 44 verschiedenen Gewürzen für Couscous und Tajine ist z. B. bei den Händlern am Rahba Kedima oder im Marché couvert [O13] erhältlich und verleiht zu Hause jedem Gericht einen orientalischen Touch. Meist kann man gängige Gewürze wie Koriander, Kurkuma, Ingwer oder Kreuzkümmel auch in kleinen Eckläden kaufen.

Die **Herboristerien,** die zurzeit mehr und mehr aus dem Boden sprießen und im Prinzip ausschließlich an Touristen verkaufen, bieten die Gewürze meist zu überteuerten Preisen an. Dort werden in kommerziellen Verkaufsshows (oft auch auf Deutsch) allerlei traditionelle Heilmittel gegen Rheuma, Blähungen, Husten etc. und diverse Mittelchen für die Schönheit präsentiert.

012ma Abb.: ad

075ma Abb.: ad

5 [N9] **Essence des Sens,** 52, Derb El Mouassine, Medina. Kleiner Laden bei der Mouassine-Moschee mit hübsch (z. B. als Mitbringsel) verpackten und abgefüllten traditionellen Kosmektiprodukten wie Ghassoul (Lavaerde), Arganienölprodukte, Olivenseife, Massageöle...

6 [O9] **Epices Avenzoar,** 78 bis, Derb Nkhel, nahe Rahba Kedima, Medina, Tel. 0524 426910. Gut sortierte Herboriesterie mit großer Auswahl in einer Seitengasse beim Rahba Kedima, deutschsprachige Verkäufer, auch Versand nach Deutschland.

7 [O9] **Herboristerie Le Paradis,** Place Ben Youssef (direkt beim Musée de Marrakech 4). Der geschäftstüchtige Mustapha erklärt in perfektem Deutsch die besten Heilmittel für alles von Schnupfen bis Inkontinenz. Alle Gewürze, Öle, Cremes und Tees können auch nach Deutschland verschickt werden.

▲ *Wundermittelverkäufer am Djamâa el-Fna.*

▶ *Ein schönes Mitbringsel: marokkanische Teekannen*

Leder

Die Lederbearbeitung in Marokko hat **jahrhundertelange Tradition.** In den Handwerkervierteln kann man vom Gerben, Zuschneiden und Nähen bis zum Besticken des Leders den gesamten Verarbeitungsprozess beobachten.

Im **Souk Cherratine** (siehe 3) werden die fertigen Waren verkauft. Neben traditionellen Produkten wie z. B. Babuschen, Gürteln oder Umhängetaschen gibt es eine riesige Auswahl an Rucksäcken, Sitzkissen, Jacken, Geldbeuteln etc. aus Rinds-, Schafs-, Ziegen- und Kamelleder in verschiedenen Farben. Vor dem Kauf sollte man die **Qualität prüfen:** Lösen sich die Nähte schon auf, färbt das Leder ab oder riecht es unangenehm?

8 [D7] **Galerie Birkemeyer,** 169-171, Rue Mohamed El Beqal, Guéliz, www.galerie-birkemeyer.com, tgl. außer So. nachmittags 8.30–12.30 u. 15–19.30 Uhr. In der teuren Boutique gibt es qualitativ hochwertige Schuhe, Taschen und Kleidung aus Leder (auch Maßanfertigungen). Kreditkartenzahlung möglich.

Messing, Kupfer, Eisen

Die Messing- und Kupferbearbeitung ist in Marokko wie in anderen arabischen Staaten sehr verbreitet. Tabletts, Wasserkessel, Teekannen, Zuckertöpfe, Lampen, Becher, Türklopfer u.v.m. werden mit geometrischen Flechtwerken und Ornamenten versehen. Kunstschmiede verarbeiten Eisen zu Ranken, Bändern und Ornamenten, die Eingangstüren, Leuchter und Blumenvasen, Gartentore, Balkonbrüstungen und Fenster schmücken.

9 [O11] **Bozina Artisanat,** 106, Rue Kennaria (nahe Djamâa el-Fna), Medina. In dem kleinen Laden von Abdellah Nachat kann man qualitativ hochwertige orientalische Dekorations- und Einrichtungsgegenstände aus Metall (Lampen, Truhen, Kerzenständer etc.) erstehen (Lieferung nach Europa möglich).

10 [O13] **Dokkali Frères,** 95, Av. Hoummam el Fetouaki, Route de Palais Bahia, Medina. In der Werkstatt der beiden Brüder Dokkali gibt es schöne, sorgfältig gearbeitete schmiedeeiserne Lampen, Stühle, Tische, Spiegelrahmen usw. Auftragsarbeiten nach individuellen Vorstellungen werden schnell, zuverlässig und günstig angefertigt.

EXTRATIPP

Wer ein Faible für orientalische Lampen hat, kann den Handwerkern am **Place Ferblantiers** [O13] bei der Arbeit zusehen und auch direkt bei ihnen einkaufen. Nach dem Shopping sitzt man besonders gemütlich auf der Dachterrasse der **Kosybar** (s. S. 28) direkt am Platz: Wasserzerstäuber sorgen für angenehm kühle Luft und der Blick fällt direkt auf die Storchennester auf den Mauern des El-Badi-Palastes.

014ma Abb.: ad

Silber und Gold

Silber- und Goldschmuck dient in Marokko als Geldanlage, Brautgeschenk und Prestigeobjekt. Der **Silberschmuck der Berber** wird mit Kerben und einfachen Linien dekoriert und zu schweren Armbändern, Kopf- und Gürtelschmuck, Ringen und Anhängern verarbeitet. Amulette dienen zur Abwehr des „bösen Blicks" und anderen Unheils. Besonders verbreitet sind Amulette in Form einer Hand, die „Hand der Fatima", die wegen ihrer fünf Finger auch als *chamsa* (arabisch für fünf) bezeichnet wird. Alter, echter Berberschmuck ist jedoch selten und nur noch zu hohen Preisen in Antiquitätengeschäften erhältlich.

Die unter Einheimischen sehr beliebten zierlichen Schmuckstücke der **Goldjuweliere** werden z.T. mit Edelsteinen besetzt. Ein Gramm Gold kostet zwischen 200 und 250 DH, Silber 8 bis 15 DH pro Gramm.

› Viele Läden mit großer Auswahl an (altem) Berber- und Silberschmuck reihen sich entlang der Rue Mouassine [N10] in der nördlichen Medina.
› Goldschmuck verkaufen die Juweliere am nördlichen Djamâa el-Fna (nahe Café de France), im Komplex „Les Perles des Princes" an der Rue Bab Agnaou [N11] und beim Eingang zur Mellah 16 am Rosengarten [O13].

Holz

In den Souks der Schnitzer werden schöne **Intarsienarbeiten** (= Einlegearbeiten) aus Zedern-, Zitronen-, Nussbaum- und Thujenholz verkauft. Die Produkte stammen meist aus Essaouira, wo dieses Handwerk die längste Tradition hat. Für die Intarsien in zierlichen Kästchen, Dosen, Tischen und anderen Möbelstücken kommt oftmals auch Perlmutt, Silber und Ebenholz zum Einsatz.

Das außerordentliche **Geschick der marokkanischen Holzschnitzer** ist am eindrucksvollsten in den religiösen Bauwerken und Stadtpalästen verewigt: Decken und Kuppeln, Wände und Leuchter sind mit Sternen, Geflechten und Ranken verziert. Meisterwerke marokkanischer Schnitzer und Drechsler sind die **Mashrabiyas:** die hölzernen Gitterwerke an Balkonen und Fenstern.

Keramik und Tadelakt

Die bekanntesten und qualitativ hochwertigsten Keramiken stammen aus Fès und Safi. Die Fèser Keramik aus bruchfestem, weiß-grauem Ton ist mit feinen blauen Mustern bemalt und wird im ganzen Land verkauft. **Keramik aus Marrakesch** wird aus rotem, weniger robustem Ton hergestellt und lackiert. Die Herkunft des Produkts erkennt man leicht an der Aufschrift auf der Unterseite. Muster und Farben sind inzwischen dem touristischen Geschmack angepasst: mit Sonnen, Kringeln und Kamelen.

Die rotbraunen, kegelförmigen **Tontöpfe für Tajine** sind das tägliche Haushaltsgerät der marokkanischen Frau und werden überall von Händlern auf dem Souk verkauft. Auch im europäischen Haushalt lassen sich die Tajine-Töpfe vielfältig einsetzen, etwa als Brotkorb oder als universelles Bratgefäß ähnlich dem Römertopf.

EXTRATIPP

Südöstlich der Medina nahe des Bab Rhemat [T12], außerhalb der Stadtmauern an der Route des Remparts, liegt das **Töpferviertel** mit der größten Auswahl an Tajine-Töpfen und Keramikwaren aller Art. Hier kauft man günstiger als in den touristischen Souks.

Beim **Tadelakt** handelt es sich um einen speziellen wasserfesten, glatten Kalkputz, der traditionell für die Verkleidung der Hammams verwendet wurde. Inzwischen kam diese Technik in Mode und nicht nur die Bäder vieler Maisons d'Hôtes, sondern auch **Vasen und Schalen** werden mit gefärbtem Tadelakt verziert.

11 [O11] **Maison Tadlakt,** Rue Kennaria. In diesem kleinen Laden gibt es hübsche Tadelakt-Vasen, -Aschenbecher, -Schalen etc. in verschiedenen Farben. Die Werkstatt befindet sich direkt im Hinterzimmer. Andere Farben und Größen können auf Wunsch angefertigt werden.

12 [U11] **Poterie Marrakech,** 5–6, Bd. du Golf Souk Erabii, Sidi Youssef Ben Ali. Laden mit größerer Ausstellungsfläche im Töpferviertel beim Bab Rhemat (Medina), umfangreiche Auswahl an Töpfen, Schalen, Vasen, Tellern etc. mit verschiedenen Motiven und Farben.

13 [O10] **Top Ceramique,** an der Verlängerung der Rue Kennaria Richtung Norden, Höhe Rahba Kedima, Medina. Hier gibt es sehr schöne und qualitativ hochwertige Fès-Keramik (Vasen, Schalen etc.). Da der Laden an einer Touristenhauptgasse Richtung Musée de Marrakech liegt, werden hier meist überzogene Preise angegeben (handeln!).

Stoffe und Bekleidung

Das **Weberhandwerk** hat in Marrakesch keine so lange Tradition wie in Fès, wo die qualitativ besten und schönsten Stoffe produziert werden. Dennoch kann man in den Souks, im Umkreis des Wollfärber-Souks, schöne Stücke entdecken. Das traditionelle Weberviertel befindet sich nahe dem Bab Aylen [T9], aber auch in den zentralen Souks und nördlich der Moschee Ben Youssef [O8] arbeiten Webereien, die ihre Produktion immer mehr auf Touristen ausrichten. **Traditionelle Kleidung** wie Djellabahs (Kaftane) und Pantoffeln (Babuschen) findet man ebenfalls in den Souks (Kissaria, Souk des Babouches und Souk Semarine).

14 [O11] **Carrefour des Tisserands/Art Ouarzazate,** 1, Rue Kennaria/Ecke Rue des Banques, Medina. Ein Schild weist von der Gasse in das Untergeschoss eines Hinterhofgebäudes, wo man zwischen 10 und 14 Uhr zusehen kann, wie auf Webstühlen die Stoffe gefertigt werden. Verkauft werden handgefertigte, schöne Webwaren aller Farben, Größen und Muster (Tischdecken, Kissenbezüge, Taschen, Überzüge etc.).

15 [F7] **Kaftan Queen Boutique,** 44, Rue Ibn Tarik Zaid, Guéliz, www.kaftanqueenmorocco.com. Kleine Designer-Boutique am Durchgang zum Hotel Toulousain mit schönen, orientalisch angehauchten Kaftanen und Blusen.

16 [M9] **La Maison du Kaftan marocain,** 65, Rue Sidi el Yamani, Mouassine, Medina. Hier gibt es das traditionelle marokkanische Übergewand (Kaftane, Djellabahs) in riesiger Auswahl an Farben und Schnitten, auch für Kinder.

17 [F7] **Scènes de Lin,** 70, Rue el Houria (Rue de la Liberté), Guéliz, www.scenes-de-lin.com, Mo.–Sa. 9.30–13 u. 15.30–19.30 Uhr. Schicker Laden mit Dekorations- und Einrichtungsgegenständen für das modern-orientalische Interieur (Kissen, Stoffe, Tischdecken, auch Kaftane, v. a. in Leinen), auch Auftragsarbeiten.

18 [O11] **Warda la Mouche,** 127, Rue Kennaria, Medina, 9.30–21 Uhr. Kleiner Laden mit traditionellen Kleidungsstücken und Accessoires wie Tuniken, Djellabahs, Taschen u. a. im schicken Design für Touristinnen oder moderne Marokkanerinnen. Europäisches Preisniveau.

Teppiche

Die Teppichherstellung hat in Marokko eine **lange Tradition und große ökonomische Bedeutung** für Familienbetriebe auf dem Land. Teppiche fehlen in keinem Haushalt und sind Kunstwerke mit über Generationen weitergegebenen Techniken, Mustern und Farben. Entsprechend groß ist die Auswahl und kein Marokkourlauber entkommt dem obligatorischen Besuch im Teppichladen. Die Teppiche werden fast nur in den ländlichen Regionen gefertigt. Teppiche städtischer Herkunft *(tapis royale)* sind der Fès- und der Rabatteppich. Gebetsteppiche dienen ausschließlich dem Gebet und sind als Massenanfertigungen auf dem Souk zu kaufen.

Bei den verwendeten **Farben** handelt es sich traditionell um Naturfarben, z. B. Safran, Henna und Minze. Die **Motive** für das Dekor der Berberteppiche sind sehr vielfältig und – wie die verwendeten Farben – charakteristisches Ausdrucksmittel des jeweiligen Stammes, der den Teppich produzierte. Aus der Haouz-Ebene um Marrakesch stammen die Teppiche der Rehamna, der H'mar und der Oulad Bousebaâ aus Ziegenhaar und Schafswolle. Die Oulad Bousebaâ

produzieren v.a. Teppiche mit stilisierten Menschen, Tieren und Mustern in Ocker und Rot.

Bei den bekannten **Kelims** (auch *hanbal*) handelt es sich um gewebte und anschließend bestickte Berberteppiche aus Wolle oder Seide. Kelims enthalten neben ornamentalen Mustern auch Amazigh-Schriftzeichen und Figuren. Die Teppiche der Glaoui (Berberstamm) sind mit allen drei Techniken hergestellt: gewebt, geknüpft und bestickt. Die Qualität eines Knüpfteppichs bemisst sich nach der Anzahl der Knoten, ein guter Teppich kann bis zu 62.000 Knoten pro Quadratmeter zählen.

19 [N10] **Art Akhnif,** 6, Rue Mouassine. Schöne Kelims und Kelim-Kissenbezüge, auch andere Teppiche und Überzüge in verschiedenen Farben und Größen werden im kleinen Verkaufsraum präsentiert. Keine Touristenanmache, sehr freundlich, faire Preise.

20 [O12] **Boutique Rachid,** 57, Riad Zitoun Kedim (südlich des Djamâa el-Fna), Medina. Dieser kleine Laden ist an seiner beschrifteten Markise und den zur Gasse ausgehängten Teppichen erkennbar. Der sehr gut Deutsch sprechende junge Rachid verkauft Kelims aus dem Mittleren und Hohen Atlas. Er erklärt fachmännisch die Bedeutung häufig verwendeter Motive, gab bereits Seminare für deutsche Studenten und organisiert auch Ausflüge in Tadelakt-Betriebe.

Buchhandlungen und Zeitschriften

Deutsche Zeitungen und Zeitschriften vom Spiegel bis zur Gala werden an der Bude neben dem Café Les Terrasses de l'Alhambra (s. S. 32) am Nordende des Djamâa el-Fna sowie an Straßenständen entlang der Av. Mohammed V. (z. B. am Place Abdelmoumen) in Guéliz verkauft.

21 [M8] **Librairie Dar el Bacha,** 14, Rue Dar el Bacha, nördl. Medina, www.darelbacha.com, neben Dar el Pacha. Literatur zur marokkanischen Kultur: Belletristik, Küche, Kunst, Architektur usw.

22 [C6] **Librairie Papeterie Chatr,** 19–21, Av. Mohammed V., Guéliz, Mo.–Sa. 8.30–13 u. 15–20 Uhr. Sehr große Buchhandlung mit guter Auswahl an (auch fremdsprachiger) Literatur zu allen Themenbereichen.

23 [N12] **Marra Book,** 53, Derb Kabada, Av. des Princes, südl. Medina. Café und Buchhandlung in einer Seitengasse der Rue Bab Agnaou. Gute Auswahl an englischer und französischer Literatur sowie Karten zu Marrakesch und Marokko.

► *Bunte Bommel-Anhänger für den Schlüsselbund oder die Tasche*

◄ *Zu Besuch im Teppichladen Art Akhnif*

Sonstige Läden

24 [N10] **Akbar Delights,** 45, Place Bab Fteuh (direkt beim Djamâa el-Fna), Mo. geschlossen. In dieser sehr kleinen, aber feinen Boutique gibt es schicke und entsprechend hochpreisige Blusen, Babuschen, Kissenbezüge und Wohnaccessoires.

25 [I5] **Concept Store 33,** 33, Rue Majorelle, ggü. des Eingangs zum Jardin Majorelle, tgl. 9.30–19 Uhr. In dieser Boutique findet man allerlei edle Stücke von 60 verschiedenen marokkanischen Designern.

26 [E7] **Darkoum,** 5, Rue de la Liberté. In einem Backsteingewölbe werden teure, schöne Holzmöbel, Einrichtungsgegenstände, Skulpturen und Stoffe aus Schwarzafrika und Indien angeboten.

27 [K10] **Ensemble Artisanal,** zu Beginn der Av. Mohammed V., Tel. 0524 443503, tgl. 8.30–19.30 Uhr. Kunsthandwerk aller Art zu Festpreisen – eine gute Orientierungshilfe für den Handel auf den Souks.

28 [N14] **Ets. Bouchaib,** Complexe d'Artisanat, Rue de la Kasbah, im Kasbahviertel, Tel. 0524 381853, tgl. 8.30–20 Uhr. In diesem Kaufhaus gibt es auf zwei Etagen alles, was Marokko an Kunsthandwerk zu bieten hat: Lampen, Keramik, Teppiche, Kleidung, Lederwaren, Schmuck und sogar Arganienöl, Gewürze und Kosmetika. Wer keine Lust auf Handeln und lange Sucherei in der Medina hat, bekommt hier alle Waren zu fairen Festpreisen! Kreditkarten werden akzeptiert.

29 [E7] **L'Orientaliste,** 15, Rue de la Liberté, Mo.–Sa. 9–12.30 u. 15–19.30 Uhr. In diesem kleinen Laden kann man allerhand hübsche Dinge aus Thujenholz, Leder, Keramik, Stoff und Schmiedeeisen zu fairen Preisen entdecken. Außerdem gibt es orientalische Bilder, Schmuck und Parfums.

016ma Abb.: ad

30 [L8] **Mustapha Blaoui,** 142–144, Rue Bab Doukkala (ohne Türschild, Holzeingang mit Nr. 144), nördl. Medina. Der liebenswürdige Mustapha, der alle Kunden herzlich willkommen heißt, versorgte schon jegliche internationale Prominenz mit orientalischer Einrichtung bester Qualität. Der gutsortierte Laden nahe des Dar el Bacha ist stadtbekannt und bietet eine exzellente Auswahl an Lampen, Vasen, Holztruhen, Möbeln, Teppichen und diversen Dekorationsgegenständen.

› **Kunst aus Autoreifen** (Hocker, Bilderrahmen, Schalen) verkaufen Shops am südlichen Ende der Riad Zitoun el Kedim.

› Utensilien für die **Teezeremonie** (Kannen, Tabletts) gibt es am Ostende des Bab Fteuh oder in der Rue Riad Zitoun Djedid.

› Gegenüber des Dar el Bacha (Rue Dar el Bacha) befinden sich zwei **Anitquitätenläden** (Art Gallery) mit schönen Stücken.

› Im **Gewerbeviertel Sidi Ghanem** (4 km außerhalb, links der Straße nach Safi, erreichbar mit dem Taxi oder Bus Nr. 15 ab Arset el-Bilk), tgl. außer So. bis 18 Uhr kaufen Marrakchis orientalische Dekorationsgegenstände und Mobiliar ein. Besonders schön sind z. B. die großen, bunten Kerzen von Amira Bougies (www.amirabougies.com).

Marrakesch für Genießer

Marokkanische Küche

Wer sie noch nicht kennt, der wird sie lieben: die marokkanische Küche! Wenn im Hotelrestaurant zum wiederholten Male das Standard-Tajine mit Kartoffeln, Erbsen und Hühnchen auf den Teller kommt, entsteht der Eindruck, die marokkanische Küche sei eintönig. Aber das Gegenteil ist der Fal! Die marokkanische Küche ist eine der vielfältigsten der Welt, mit Einflüssen aus den Mittelmeerländern und den östlichen arabischen Gebieten. Die Zubereitung köstlicher und üppiger Mahle gehört in Marokko dazu, besonders zur Bewirtung eines Gastes und zu festlichen Anlässen wie etwa einer Hochzeit.

In Marrakesch und in vielen anderen Städten finden sich wahre **Gourmettempel** mit gehobenen Preisen (15–40 € für ein Menü) und einer abwechslungsreichen Speisekarte. Meist sind diese Restaurants in alten, prunkvollen Stadtpalästen untergebracht.

Auf den Märkten türmen sich **sonnengereiftes Gemüse und Früchte** aus Marokkos Anbauflächen: Paprika, Tomaten, Kartoffeln, Auberginen und Obst wie Orangen, Erdbeeren, Aprikosen und Äpfel. In den Souks werden – zu spitzen Bergen gestapelt – eingelegte Oliven und Zitronen sowie verschiedene Dattelsorten verkauft. Den Eiweißbedarf decken Fisch, verschiedene Meeresfrüchte und Geflügel, Schaf-, Ziegen- und Rindfleisch.

Den richtigen und unverwechselbaren Geschmack geben die **Gewürze:** Kreuzkümmel, Zimt, Koriander, Ingwer und die edlen Safranfäden. Der Anblick der bunten Gewürzberge auf den Märkten gehört zu den faszinierendsten Eindrücken einer Marokkoreise. Die pikante Gewürzmischung *Ras el-Hanout* besteht aus 44 verschiedenen Gewürzen und wird überall verkauft – sie eignet sich besonders gut als Mitbringsel. Auch **Kräuter** sind in der marokkanischen Küche elementar: Thymian, Wermut, Koriander, Minze, Lorbeer, Petersilie.

Eine der wichtigsten Zutaten für die marokkanische Küche ist das im Land gewonnene, kalt gepresste **Olivenöl.** Eine Spezialität Marokkos ist das **Arganienöl,** das in einem aufwendigen Prozess aus den gerösteten Kernen der gelben Arganienfrüchte gepresst wird und nussartig schmeckt. Das Speiseöl und kosmetische Produkte aus Arganienöl werden vor allem in der Souss-Region, aber auch in Herboristerien (s. S. 17) in Marrakesch verkauft.

In den Neustädten locken moderne Patisserien mit einer großen Auswahl an **Gebäck,** in der Medina sind es kleine Backhäuser oder Verkaufsstände, an denen die vielen verschiedenen Keksvariationen in Häuflein angerichtet sind. Es ist beinahe wie Weihnachten – nur gibt es hier die köstlichen Plätzchen mit Sesam, Mandeln, Rosinen und Honig ganzjährig zu einem unglaublich niedrigen Preis. Die halbmondförmigen, sesambestreuten „Gazellenhörner" *(Kaab el-ghazal)* haben eine weiche Mandelfüllung, die klassisch runden Kekse *(ghoriba)* sind mit einer Mandel oder Sesam garniert.

Das Gebäck wird traditionell zur Begrüßung mit dem **thé à la menthe** gereicht. Der zuckersüße Tee ist in den nordafrikanischen Ländern allgegenwärtig und das gemeinsame Teetrinken hat eine wichtige soziale Funktion. Findige Händler bieten ihn – vor der selbstverständlich unverbindlichen Teppichvorführung – als „Whiskey marocain" an. Der grüne chinesische Tee wird mit sehr viel Zucker und aromatischer Nana-Minze (marokk. Pfefferminzart) in der Kanne serviert. Dazu gehört ein Tablett, auf dem die Gläschen angeordnet sind.

Nun beginnt die eigentliche **Teezeremonie:** Der Tee wird mehrmals im großen Bogen von der Kanne in ein Glas gefüllt und wieder zurückgegossen, bis die obligatorische Schaumkrone und das richtige Gemisch entsteht. Schließlich bekommt der erste Gast den Tee gereicht, erhebt mit einem „bismillah!" („Im Namen Gottes!") das Glas und trinkt es schlürfend aus. Ein arabisches Sprichwort besagt, dass immer drei Gläser getrunken werden sollen: „Das erste Glas ist süß wie die Liebe, das zweite hart wie das Leben und das dritte bitter wie der Tod." Neben Tee gibt es in jedem Kaffeehaus auch Café au Lait und frisch gepressten Orangensaft.

Das marokkanische Festmahl beginnt mit köstlichen **Vorspeisen:** Pasten aus Auberginen, Zucchini und Paprika mit Olivenöl, geriebene Karotten mit Orangensaft, verschiedene Salate, Kichererbsenmus, gekochtes und rohes Gemüse.

Danach folgen die **Hauptgänge**. Bekannt sind Couscous und Tajine (sprich: Taschin). **Couscous** ist das Nationalgericht und wird in fast allen nordafrikanischen Ländern gegessen. Es besteht aus Hartweizengrieß, der in einem Sieb über einem Eintopf aus Hammel-, Lamm- oder Hühnerfleisch mit sieben Gemüsesorten und Kichererbsen gedünstet wird. Couscous gibt es in den verschiedensten Variationen, z.B. als vegetarisches Gemüsecouscous oder als süßes Couscous mit Rosinen, Zimt und Mandeln.

Tajine wird in jedem marokkanischen Restaurant und an Ständen in der Medina, gegart auf kleinen Holzkohlegestellen, angeboten. Für die Zubereitung verwendet man den typischen Tontopf mit spitzhaubigem Deckel. Tajine besteht z.B. aus gebratenem Hähnchen mit Mandeln, Rosinen und Oliven oder Rindfleisch mit Pflaumen und Mandeln oder verschiedenen Gemüsen.

Das traditionelle Festmahl, das vor allem zum Opferfest Aid el Kebir zubereitet wird (s.S. 12), ist **Mechoui.** Ein ganzer junger, gut gewürzter Hammel wird am Spieß oder im Ofen stundenlang gebraten. Auch **Bastilla,** eine Art Pastete aus hauchdünnen Teigblättern, die mit Rosinen, Mandeln und Taubenfleisch gefüllt ist, gilt als Festgericht. Die Zubereitung ist sehr aufwendig, daher ist das Gericht in Restaurants auch entsprechend teurer und seltener auf der Speisekarte zu finden. Als Vorspeise oder kleinere Mahlzeit besonders empfehlenswert ist die nahrhafte traditionelle Fastensuppe aus Lammbrühe, Lammfleisch, Linsen, Kichererbsen, gehackten Tomaten, Zwiebeln sowie frischen Kräutern und Gewürzen: **Harira.**

Eine besondere Spezialität Marrakeschs ist **Tanjia** und manche Marrakchis behaupten: „Wenn Du keine Tanjia probiert hast, warst Du nicht in Marrakesch." Lammfleisch, eingelegte Zitronen oder Orangen, Safran, Knoblauch, Ras el-Hanout und andere Gewürze werden in einer gebrannten Tonkaraffe, der *Tanjia,* vermengt. Im Holzofen *(Farnatchi),* der Heizkammer unter einem traditionellen Hammam, gart die Tanjia anschließend drei bis vier Stunden. Das wun-

017ma Abb.: ad

derbar würzige und durch die Zugabe der Orange auch fruchtige Fleischgericht wird in beliebigen Varianten ausschließlich von Männern zubereitet. Man findet es auf fast keiner Speisekarte der Touristenrestaurants. Bei einem Bummel durch die Medina sieht man jedoch immer wieder die braunen Tonkaraffen an Garbuden ausgestellt – hier gibt es Tanjia.

Als **Nachtisch** werden meist *Oranges à la canelle* (Orangenstücke mit Zimt) oder frisches Gebäck gereicht. Und dann beginnt alles wieder von vorne mit dem *thé à la menthe.*

Besonderheiten

Der **Alkoholausschank** ist in einem islamischen Land wie Marokko keine Selbstverständlichkeit. Restaurants und Hotels benötigen eine staatliche Lizenz, um Wein oder Bier verkaufen zu dürfen. Deshalb sind alkoholische Getränke meist nur in den teureren Hotels mit Bar bzw. gehobenen Maisons d'Hôtes oder Restaurants erhältlich. Auch in gewöhnlichen Läden wird weder Bier noch Wein verkauft. Man sollte es dennoch nicht versäumen, einen der sehr guten marokkanischen Rot- oder Weißweine aus der Region Meknès oder Essaouira zu probieren. **Rauchen** ist hingegen fast überall gestattet. Nur während des Ramadan sollte man Rücksicht üben.

Schweinefleisch ist in keinem islamischen Land (außer in speziellen Metzgereien in manchen Städten) erhältlich und steht in den Restaurants nicht auf der Speisekarte.

Während des **Ramadan** kann es auf dem Land wirklich sehr schwierig werden, ein geöffnetes Restaurant oder Café zu finden. Im touristischen Marrakesch muss der Europäer zur Fastenzeit zwar nicht verhungern, jedoch servieren die Terrassenrestaurants am Djamâa el-Fna die Speisen tagsüber nur im Obergeschoss. Vorwiegend von den Einheimischen frequentierte Straßencafés und Garbuden öffnen erst abends.

▲ *In den Tajine-Töpfen wird*
► *das Nationalgericht zubereitet*

Ausgewählte Restaurants

Erste Adresse für ein erlebnisreiches Mahl in Marrakesch sind natürlich die **Garbuden am Djamâa el-Fna**, wo man neben Einheimischen zu Abend isst. Hier gibt es nahezu alles: Salate, eingelegtes Gemüse, Eier, Fleischspießchen, gegrillten Fisch, Tajine, Suppe und sogar Schnecken und Schafsköpfe. Die Stände sind normalerweise sehr hygienisch, die Speisen werden frisch zubereitet und lagern nur kurz. Vorsicht: Manchmal werden nicht georderte Beilagen einfach mitserviert, diese müssen extra bezahlt werden. Preisbeispiele: Brochette-

Gastro- und Nightlife-Areale
Bläulich hervorgehobene Bereiche in den Karten kennzeichnen Gebiete mit einem dichten Angebot an Restaurants, Bars, Klubs, Discos etc.

Restaurantkategorien

€	Menü bis 120 DH (11 €), Gericht bis 80 DH (7,50 €)
€€	Menü 120–300 DH (11–28 €), Gericht bis 160 DH (15 €)
€€€	Menü ab 300 DH (ab 28 €), Gericht ab 160 DH (ab 15 €)

Spieß 3–5 DH, Tajine/Couscous ca. 30 DH, Salat ca. 10 DH, Gemüse/Pommes 5 DH.

Neben dem obligatorischen Abendessen am Djamâa el-Fna empfiehlt es sich, in einem der **Palastrestaurants** à la Tausendundeine Nacht ein delikates Menü zu genießen (z. B. Dar Zellij, Le Foundouk, Le Tobsil). Dort muss der Tisch allerdings frühzeitig reserviert werden, am besten von zu Hause aus! In diesen teuren Restaurants mit marokkanischer Speisekarte kann nur ein ganzes Menü zu einem Komplettpreis und nicht à la carte bestellt werden. Getränke sind manchmal schon im Preis (300–600 DH) enthalten. Häufig gehört Livemusik, manchmal auch Bauchtanz zum Rahmenprogramm.

In den **günstigen und mittelpreisigen** Restaurants muss nicht immer gleich ein ganzes Menü konsumiert werden, dort bekommt man einen Salat auch schon ab 15 DH und eine gute Tajine ab 60 DH.

Günstig und leicht zu Mittag isst man auch in einem der hier genannten Cafés (s. S. 31). Exquisite, von Sterneköchen zubereitete **Gourmetküche** servieren die Restaurants des La Mamounia Hotels (Le Francais und Le Marocain, s. S. 105) sowie das nach Reservierung auch für Nichtgäste geöffnete Restaurant des Riad Lotus Privilège (s. S. 110).

In der Medina

31 [N9] **Café Arabe** €€, 184, Rue el Mouassine, nördl. Medina, Tel. 0524 429728, www.cafearabe.com, tgl. 10–24 Uhr. Delikate, recht teure italienische und marokkanische Küche (kleine Portionen) im Innenhof eines eleganten Riads. Auf der Dachterrasse herrscht abends chillige Loungeatmosphäre auf weißen Polstergarnituren. Sonntags kann man hier brunchen.

32 [O10] **Chez Chegrouni** €, direkt am Djamâa el-Fna. Das ausschließlich von Touristen frequentierte, hübsche Café hat die höchste Terrasse am Platz – von hier aus bietet sich ein enstprechend toller Blick über das Treiben. Das Essen ist recht günstig, kann aber bei starkem Andrang etwas dauern. Salate 10 DH, Couscous/Tajine 60 DH.

33 [O12] **Dar Essalam** €€, 170, Riad Zitoun el Kedim, südliche Medina, Tel. 0524 443520, www.daressalam.com, tgl. mittags und abends. Dieser prachtvolle Stadtpalast (17. Jh.) in gut auffindbarer Lage diente u. a. als Kulisse für Hitchcocks „Der Mann, der zuviel wusste". Sehr gute marokkanische Küche in mehreren mit Mosaiken und Stuck ausgestatteten Salons, viele Gruppen. 4-Gänge-Menü 250–400 DH.

34 [M6] **Dar Zellij** €€€, 1, Kaasour, Sidi Ben Slimane, in der nördlichen Medina nahe Moschee Sidi Ben Slimane, Tel. 0524 382627, www.darzellij.com, tgl.

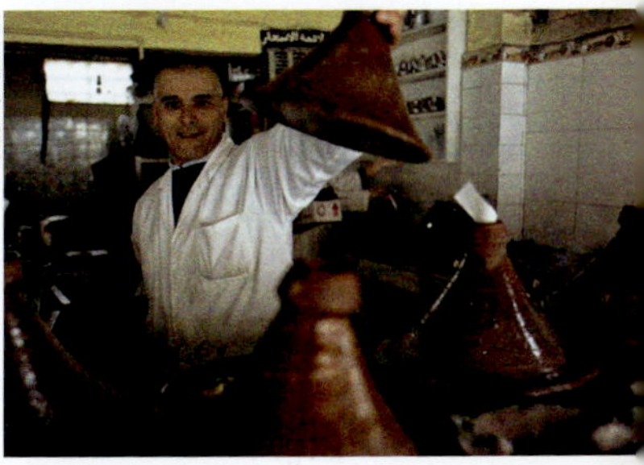

018ma Abb.: ad

außer Di. ab 19.30 Uhr, nur mit Reservierung (Abholung durch Mitarbeiter des Restaurants an der Moschee Sidi Ben Slimane, mit Taxi erreichbar). Hervorragende marokkanische Küche in einem wunderschönen Riad aus dem 17. Jh. ohne überflüssigen orientalischen Kitsch: Hier speist man bei dezenter Livemusik in äußerst romantischer Atmosphäre unter Orangenbäumen im offenen, weißen Innenhof mit Arkaden, vorher gibt es einen Aperitif auf der Dachterrasse. Die Ober sprechen auch Englisch. Menü ab 350 DH, Alkoholausschank (u. a. marokkanischer Wein).

35 [P13] **Kosybar** €€, 47, place des Ferblantiers, Tel. 0524 380324. In diesem orientalisch-schicken Riad mit Bar und empfehlenswerten marokkanischen Weinen sitzt man am schönsten auf der Dachterrasse mit herrlich kühlenden Wasserzerstäubern – der Blick auf die Störche des El-Badi-Palastes und die die Kutubiya inklusive. Ein Gericht (internationale Küche von Tajine bis Sushi) kostet ca. 160 DH.

36 [O12] **Ksar el Hamra** €€€, 28, Sabt Ben Daoud (in einer Quergasse zwischen Riad Zitoun Kedim und Djedid), www.restaurant-ksarelhamra.com, Tel. 0524 427607, tgl. mittags und abends. Der offene Innenhof dieses prächtigen Riads mit vielen Pflanzen und einem Springbrunnen bewirkt eine gemütliche Atmosphäre. Abends spielen Gnaoua-Musiker, ein Menü mit marokk. Spezialitäten (auch Tanjia!) kostet 400–450 DH.

37 [O8] **Le Foundouk** €€, 55, Souk Hal Fassi, Kat Bennahid, nördl. Medina hinter dem Musée de Marrakech, Tel. 0524 378190, www.foundouk.com, Küche von 12 bis 24 Uhr. Exklusive Adresse in einem renovierten Funduq (Karawanserail), das vornehm in dunklen Tönen und mit einem Mix aus marokkanischen Elementen und modernem Design gestaltet ist. Sehr gutes Essen, Vorspeisen (Tarte, Lachs, Salate etc.) kosten 45–135 DH, Hauptspeisen (Couscous, Pastilla, Tajine, Pasta) 120–170 DH. Alkoholausschank, Reservierung empfohlen.

38 [O10] **Le Marrakchi** €€, 52, Rue des Banques, direkt am Djamâa el-Fna (Nordende), Tel. 0524 442277, www.lemarrakchi.com, tgl. 12–1 Uhr, Abendessen ab 19.30 Uhr. In diesem (klimatisierten) Restaurant mit großartigem Blick aus dem verglasten Obergeschoss sitzt man auf roten Samtsesseln an vornehm gedeckten Tischen. Das orientalische Flair wird für das ausschließlich touristische Publikum perfekt inszeniert. Service und Essen sind gut, aber rechtfertigen nicht die zu hohen Preise (Menü mit Couscous/Tajine 260 DH, Couscous oder Grillgerichte à la carte 130 DH). Auch Weine und Aperitifs werden serviert.

39 [N14] **Le Nid de Cigogne** €, 60, place des tombeaux Saadiens, Tel. 0524 382092. Von den drei Terrassen des von einer Frauenkooperative geführten einfachen Restaurants gegenüber den Saadier-Gräbern hat man einen schönen Blick auf die Kasbah-Moschee. Hier gibt es recht gute Tajine (70 DH).

40 [M10] **Le Tobsil** €€€, 22, Derb Abdellah Ben Hessaien, Bab Ksour, nördl. Medina, Tel. 0524 444052, tgl. ab 19.30 Uhr außer Di. Sehr gutes und unter in Marrakesch lebenden Ausländern beliebtes Restaurant mit intimer und romantischer Atmosphäre in einem kleinen Dar mit Palmen, Bogengang und Galerie. Auf diese exklusive Adresse weist kein Schild hin und es öffnet nur nach Reservierung. Jeden Abend treten Gnaoua-Musiker auf. Das feste Tagesmenü kostet 625 DH inkl. Getränke (auch Wein und Aperitif).

41 [M11] **Narwama** €€€, 30, Rue Kutubiya (Seitengasse von Av. Mohammed V., ggü. Kutubiya-Moschee), Tel. 0524 440844, tgl. abends geöffnet. Diese

019ma Abb.: ad

große „Oriental Lounge“ in einem alten Riad ist schickes Restaurant und Bar in einem. Im roten Innenhof mit riesigem Bambus und knalliger Einrichtung herrscht eine chillige Atmosphäre. Der thailändische Chefkoch sorgt für Abwechslung, falls man schon genug Tajine und Couscous gegessen hat: thailändische (milde bis sehr scharfe), mediterrane, vegetarische und marokkanische Küche für ca. 140–250 DH pro Gericht. Zur späteren Stunde nimmt man auf den pinken Polstersesseln der Salons noch einen Cocktail oder ein Glas Wein in internationaler Gesellschaft ein.

42 [L6] **Riad des Mers** €€, 411, Derb Sidi Messaoud, Bab Yacout, nördl. Medina beim Bab Doukkala, Tel. 0524 375304, tgl. mittags und abends geöffnet. Im gemütlichen Innenhof dieses kleinen, hübschen Riads mit hellem Tadelakt und Mosaik-Springbrunnen gibt es sehr gute Fischgerichte, Austern und Krustentiere. Aufmerksamer Service, gutes Preis-Leistungsverhältnis, Alkoholausschank, Menü ab 230 DH, à la carte Gerichte ca. 70 DH.

In der Neustadt

43 [E7] **Al Fassia** €€, 55, Bd. Zerktouni, Guéliz, Tel. 0524 434060 od. 437973, Mi.–Mo. mittags und abends. Das Al Fassia ist eine der bekanntesten und besten Adressen für marokkanische Küche (aus Fès) und doch nicht zu teuer (Tajine und Couscous für ca. 120 DH, Mittagsmenü 160 DH). Im eleganten marokkanischen Interieur mit niedrigen Tischen und Polsterhockern bzw. Sitzecken bedienen nur Frauen, die in einer Kooperative organisiert sind. Auf Vorbestellung (ab 4 Pers.) gibt es Mechoui und Pastilla. Alkoholausschank, Reservierung sinnvoll.

44 [E8] **Azar** €€, Rue Yougoslavie, Ecke Av. Hassan II., Guéliz, www.azarmarrakech.com, Tel. 0524 430920, tgl. mittags und abends geöffnet. In dieser modern durchgestylten „Brasserie Libanaise“ sollte man unbedingt die leckeren warmen und kalten Mezze

▲ *Mittagessen im schönen Innenhof des Ksar el Hamra*

Marrakesch für Genießer

probieren. Mezze (liban. Vorspeisen) 40–70 DH, Menü mit Mezze, Kefta od. Chawarma und Dessert 300 DH. Auf der chilligen Terrasse lässt sich gemütlich Shisha rauchen. Nightclub mit orientalischer Liveperformance im Keller. Alkoholausschank, auch gute alkoholfreie Saftcocktails.

45 [E8] **Bagatelle** €€, 103, Rue Yougoslavie, Ecke Bd. Moulay Rachid, Tel. 0524 430274, tgl. 9–23 Uhr. In diesem alteingesessenen franz. Restaurant (seit 1949) mit nostalgischer Bistroatmosphäre sitzt man besonders schön auf der schattigen Terrasse. Alkoholausschank, Grillgerichte oder Tajine 80–110 DH.

46 [F7] **Cantanzaro** €, 50, Rue Tarik Ibn Zaid, Guéliz, Tel. 0524 433731, neben Hotel Toulousain, im Ramadan geschlossen. Obwohl von außen wenig attraktiv, herrscht in diesem beliebten Restaurant mit italienischer Küche innen echte Pizzeriaatmosphäre, leider ohne Tageslicht. Der Laden ist selbst mittags voll mit marokkanischem und internationalem Publikum. Pizza aus dem Steinofen kostet 50–65 DH, Pasta ca. 50–70 DH, Wein und Bier werden ausgeschenkt. Reservierung notwendig (oder lange Wartezeit).

47 [F6] **Casanova** €, 221, Av. Yacoub el Mansour, Guéliz, Tel. 0524 423735, tgl. 12–15 u. 19–24 Uhr. Auf der hübschen Terrasse mit Orangenbäumen und Topfpflanzen oder im modernen Intérieur mit Bar bekommt man in diesem italienischen Restaurant relativ preiswerte, hausgemachte Pasta (70–120 DH) oder (nur abends) Pizza aus dem Holzkohleofen (55–80 DH) serviert. Jeden Abend unterhält ein Pianist die Gäste.

48 [I11] **Comptoir Darna** €€€, Av. Echouada, Hivernage, Tel. 0524 437702, www.comptoirdarna.com, tgl. 20–2 Uhr. Hier bringen junge, hübsche Marokkanerinnen internationale und marokkanische Gerichte auf den Tisch. Trotz des sehr guten Service und Essens sind die Preise etwas überhöht (Menü 400 DH). Die Lampen und Räucherstäbchen sorgen für ein orientalisches Ambiente, im OG füllt sich die Lounge, bevor täglich um 22.30 Uhr eine sehr sehenswerte Bauchtanzshow beginnt (vgl. „Marrakesch am Abend“). Alkoholausschank, Reservierung notwendig, Kreditkarten werden akzeptiert.

49 [B5] **Krusti** €, 4, Route de Targa, Guéliz, Tel. 0524 431618, Mo.–So. 7–23 Uhr. Ob Pizza, Burger, Frühstück oder Kuchen – in diesem modernen Café mit Pizzeria gibt es alles schnell, günstig und gut (auch zum Mitnehmen).

50 [D7] **La Taverne** €, 23, Bd. Zerktouni, Guéliz, Tel. 0524 446126. Der weiße Innenraum des freundlichen Restaurants mit marokkanischen und internationalen Gerichten (Menü 125 DH) wirkt nüchtern-steril, dafür sitzt man sehr schön im schattigen Hofgarten mit Biergartenatmosphäre (Weinausschank).

51 [D8] **La Trattoria de Giancarlo** €€, 179, Rue Mohamed El Beqal, Guéliz, www.latrattoriamarrakech.com, Tel. 0524 432641, tgl. ab 19.30 Uhr. Hier öffnen die sehr korrekten und zuvorkommenden Ober dem Gast schon die Taxitür und führen zum Aperitif (marokk. Wein, Bier, Cocktails u. a.) mit Olivensnack in den reizenden Vorgarten mit Palmen und Bambus. Der Hauptgang (wechselnde italienische Gerichte, keine Pizza) wird in eleganter Atmosphäre im offenen Innenhof voller großer Pflanzen am Rand eines beleuchteten Wasserbassins eingenommen. Wasserzerstäuber kühlen von oben die Luft ab. Die Salons sind mit Kunst im hispano-maurischen Stil gediegen dekoriert. La Trattoria ist wohl das beste italienische Restaurant der Stadt – mit sehr fairen Preisen: Pasta, Fleisch- und Fischgerichte ca. 160 DH, auch ital. Desserts. Reservierung obligatorisch.

Cafés und Patisserien

In der Medina

52 [P13] **Art de Vivre Oriental,** 88, Rue de Commerce Hay Salam, in der Mellah (südl. Medina). In diesem angenehmen, hübschen Café im ruhigen Judenviertel gibt es neben Tee auch Gewürze, Düfte und hübsche Kleider.

53 [N9] **Café Bougainvillea,** 33, Rue el Mouassine, nördl. Medina. Ganz in den lila-pinken Farben der Bougainvillea-Blüten gehaltenes Café zum Entspannen im hübschen Innenhof mit wechselnden Ausstellungen marokkanischer Künstler. Neben frischem Orangensaft werden Milchshakes und Crêpes serviert. Das Café ist eine ideale Zwischenstation bei einem Bummel durch die Souks. Pizza 60 DH, Tajine 80 DH, Sandwich 50 DH.

54 [O9] **Café des Epices,** 75, Rahba Kedima, www.cafedesepices.net. Dieses sehr nette Café liegt mitten in der Medina auf halbem Weg zwischen Djamâa el-Fna und Musée de Marrakech. Hier sitzen junge Traveller bei chilliger Musik auf der (heißen) Dachterrasse, auf niedrigen Polstern oder Basthockern im kühlen Zwischengeschoss oder an Tischen im Erdgeschoss mit Terrasse. Neben gutem Espresso gibt es Sandwiches (45 DH) und frische Säfte. Vom Dach hat man einen tollen Blick auf den kleinen Platz Rahba Kedima mit den Korbhändlerinnen (guter Fotostandort).

55 [O10] **Café de France,** nördlicher Djamâa el-Fna. Das Café ist eine der ältesten Institutionen für Touristen am großen Platz. Im Erdgeschoss gibt es neben den üblichen Getränken mittelmäßige À-la-carte-Gerichte – dort sitzt man in der ersten Reihe, wenn junge Akrobaten ihre Kunststücke vorführen. Auf der Terrasse im 1. Stock wird das Standard-Touristenmenü (Tajine und

▼ *Ein einmaliges Erlebnis: Abendessen an einer der Garbuden am Djamâa el-Fna* ❷

020ma Abb.: ad

Couscous, 90 DH) serviert. Von der Panoramaterrasse im 2. Stock (nur Getränke) bietet sich der schönste Blick.

56 [N10] **Café Les Terrasses de l'Alhambra,** Djamâa el-Fna. Das moderne Café im stylisch-andulsischen Outfit ist immer voller Touristen, die hier Kaffee, Eisbecher, Panachés, aber auch Gerichte wie Couscous und Pizza mit Blick auf den Platz genießen. Das Untergeschoss ist innen klimatisiert, auf der Terrasse sorgen Wasserzerstäuber für Kühlung, unter der Markise auf der oberen Terrasse heizt es sich mittags allerdings stark auf.

57 [O11] **Earth Café,** 2, Derb Zawak (Seitengasse der Riad Zitoun el Kedim), südl. Medina, www.earthcafemarrakech.com. Im winzigen, bunten Innenhof dieses jung-alternativen Cafés gibt es leckere vegetarische Küche aus Biolebensmitteln (z. B. Veggie-Burger für 60 DH).

58 [N12] **Fine du Marrakech,** Av. Houmman el Fetouaki. In der Auslage dieser von Marokkanern wie Touristen gleichermaßen frequentierten Patisserie liegen bergeweise zuckrig-klebrige Versuchungen. Beim Straßenverkauf gibt es neben Gebäck frische Croissants, im bestuhlten Inneren auch Café au Lait.

59 [N11] **Pâtisserie des Princes,** 32, Rue Bab Agnaou. Eine der ältesten und bekanntesten Konditoreien in Marrakesch: große Auswahl an leckerem Gebäck und Kuchen, auch gut verpackt zum nach Hause Mitnehmen.

60 [O11] **Ryad Jama,** 149, Rue Kennaria (Anfang Riad Zitoun Djedid). Ein unauffälliges Schild in der Riad Zitoun Djedid (vom Djamâa el-Fna Richtung Süden) weist rechts in den kleinen Innenhof (Holztür mit Hausnr. 149), geöffnet 12–15 und 18.30–22 Uhr. Hier sitzt man wie in einer Gartenlaube unter einem Orangenbaum und einer großen Palme und genießt frischen Orangensaft oder das Tagesgericht (z. B. Couscous für 50 DH).

▲ *Von der Terrasse des Café de France (s. S. 31) blickt man direkt auf den Djamâa el-Fna* 2

EXTRATIPP

Das Treiben in der Neustadt kann man gut von der schattigen Terrasse eines der alteingesessenen Straßencafés am Place Abdelmoumen beobachten. Hier gibt es auch günstiges Mittagessen.

In der Neustadt

61 [G8] **Café 16,** Place du 16 Novembre (Marrakech Plaza), Guéliz, www.16cafe.com. Das Motto dieses sehr modernen, in freundlichem Weiß und Hellgrün gestalteten Cafés und Restaurants am zentralen Vorzeigeplatz Marrakech Plaza könnte lauten: frisch und gesund. Denn hier werden äußerst leckere, hübsch angerichtete Salate (z. B. mit Lachs, 90–120 DH) und Sandwiches (ca. 100 DH), verschiedene frisch gepresste Säfte, 16 Sorten Tee, aber auch verschiedene Eisbecher (30 DH) und Sorbets sowie Schokofondue serviert. Man sitzt im kühlen, großzügigen Innenraum oder auf der Terrasse unter Sonnenschirmen. Hier treffen sich sowohl Marokkaner als auch Ausländer zur Mittagspause.

62 [F7] **Café du Livre,** 44, Rue Tarik Ben Ziad, Guéliz (im Hinterhof vor dem Hotel Toulousain), Tel. 0524 432149, Mo.–Sa. 9.30–21 Uhr. In dieser Einheit aus (klimatisiertem) Café, Restaurant und kleiner Bibliothek lässt es sich herrlich in verschiedensprachiger Literatur (Zeitschriften, Bücher, Reiseführer) über Marokko schmökern. Nebenbei kann man via WLAN-Zugang mit dem Laptop die E-Mails checken. Wegen der eher versteckten Lage im Hinterhof im OG ist das Café für Touristen noch ein Geheimtipp. U. a. gute Salate (z. B. geräucherter Forellensalat), Sandwiches (50–80 DH) und Tapas, Alkohlausschank. Es werden auch einige Bücher verkauft, ausgelesene Romane können getauscht werden.

63 [E7] **Café Le Melting Pot,** Rue Yugoslavie, Guéliz, tgl. 7.30–23 Uhr. Hier verschmelzen Kunstgalerie und Café, modernes Interieur, mit wechselnden Ausstellungen marokkanischer Künstler. Große Auswahl beim Frühstück (35–60 DH), Crêpes, Sandwiches/Paninis (45 DH), Salate und Pizza (bis 65 DH).

64 [I11] **Café Extrablatt,** Ecke Av. Echouada/Rue al Quadissia, Hivernage, www.cafe-extrablatt.com, tgl. 8–24 Uhr. Auf der großen Terrasse des Extrablatt in der grünen Hivernage trifft sich die junge, marokkanische Oberschicht sowie in der Stadt lebende Ausländer und Touristen. Hier kann man in Ruhe ein Frühstück (ab 35 DH) oder einen hübsch angerichteten, leichten Mittagssnack (Sandwiches, Salate 35–65 DH, Pizza ab 45 DH) genießen. Saftcocktails und verschiedene Kaffees, flotter Service, gutes Preis-Leistungs-Verhältnis.

65 [H9] **Dino Gelato Italiano,** Av. Mohammed V., neben Hotel Hasna, www.gelatsdino.com, tgl. 9–1 Uhr. Auf der großen Terrasse mit Schirmen oder im modernen Intérieur der Eisdiele gibt es Gebäck, tolle Eisbecher (60–95 DH), Crêpes und Kaffee.

66 [E7] **Kechmara,** Rue de la Liberté, Guéliz, www.kechmara.com, tgl. 7.30–24 Uhr (außer So.). Dieses durchgestylte In-Café mit verglaster Front, einigen Stühlen auf dem Gehsteig und weißem, minimalistischem Interieur mit schwarzafrikanischen Bildern und Skulpturen könnte auch das junge Publikum in München oder Mailand anziehen. An der Longbar gibt es Cocktails, an den Tischen mit weißen Plastikschalenstühlen gutes Frühstück (Crêpes, Schokocroissants, Saftcocktails usw.) sowie wechselnde Gerichte (Menü 150 DH).

67 [F8] **Le Grand Café de la Poste,** Ecke Bd. El Mansour Eddahabi/Av. Imam Malik, Guéliz (direkt ggü. der Hauptpost), www.grandcafedelaposte.com, tgl. 8–

1 Uhr. In diesem traditionsreichen Café (seit 1925) gibt es nach Aussagen in Marrakesch lebender Ausländer das beste Frühstück der Stadt (8–12 Uhr). Man sitzt auf der hübschen Terrasse oder im eleganten Salon mit kolonialem Ambiente. Feine französische À-la-carte-Gerichte (mittags und abends) ab 110 DH, Kreditkartenzahlung möglich.

68 [E7] **Patisserie Al Jawda,** 11, Rue de la Liberté, Guéliz, tgl. 8–20.30 Uhr. Eine der populärsten Patisserien der Stadt: Im kleinen Verkaufsladen kann man Madame Alamis' hausgemachte, köstliche Gebäckvariationen mit Mandeln, Feigen, Honig, Sesam und Orangenblüten aus Glasvitrinen auswählen (180 DH/kg). Außerdem gibt es (für den Export mit Biosiegel bezeichneten) Honig, Marmelade und Arganienöl.

69 [E11] **Salon de Thé Tchaba,** Av. Mohammed VI. (schräg ggü. Palais de Congrès, neben Café l'Opera), Guéliz, Tel. 0524 422999. DER Ort für Teeliebhaber in Marrakesch: In diesem Teesalon mit edlem Ambiente (inkl. WLAN) kann man nicht nur gemütlich Dutzende Teesorten, Smoothies und Kaffee genießen, sondern auch alles rund um Tee erwerben, z. B. die orientalische Tchaba Teekollektion in seidenen Beuteln und hübschen Dosen.

Marrakesch am Abend

Mit dem Zuzug von mehr und mehr Ausländern, die sich v. a. in der Medina einkaufen, und der wachsenden Zahl internationaler Touristen eröffneten in Marrakesch in den letzten vergangenen Jahren zahlreiche mondäne Nachtklubs, Lounges und Discos. Zu Cocktails in chilligem Ambiente mit Orienttouch wird oft noch ein Unterhaltungsprogramm geboten: Livemusik und Spektakel von Bauchtanz bis zu Akrobatik und Feuershow.

Das Nachtleben spielt sich hauptsächlich in den **Discos in Guéliz** bzw. in den teuren Hotels der Hivernage ab, an die meist eigene Nightclubs und Bars angeschlossen sind – dort wird auch überall **Alkohol** von Bier bis Champagner ausgeschenkt. Inzwischen kann man in Klubs wie Pacha oder Le Théatro kaum unterscheiden, ob man sich in Marrakesch oder in einem entsprechenden Etablissement in Europa befindet: Man bzw. frau ist chic, hat Geld, gehört zur Gesellschaft und feiert exzessiv bis in die frühen Morgenstunden. Einige Klubs bieten wochentags auch eine Ladies' Night mit kostenlosen Getränken an.

Beliebtes Abendprogramm für Touristen ist das sogenannte **Dîner spectacle,** bei dem die Gäste während eines mehrgängigen Menüs mit marokkanischer Folklore von Bauchtanz bis Feuerwerk und Fantasia (Reiterspiele) unterhalten werden. Ein *Dîner spectacle* (ca. 40 Euro/Pers.) kann

▲ *Im schicken Café Kechmara in Guéliz*

► *Beliebtes Spiel am Djamâa el-Fna: Colaflaschenfischen*

entweder über das Hotel oder direkt (z. B. bei Chez Ali, Tel. 0524 307730) gebucht werden.

Doch egal wie viele neue Locations sich gegenseitig in Design und internationalem Flair übertreffen wollen, der **Djamâa el-Fna** 2 bleibt der Treffpunkt Nummer 1 im Nachtleben der Stadt – schon allein deswegen, weil sich die wenigsten Marrakchis 100 bis 200 DH Eintritt in die neuen Klubs leisten können. Ab 22 Uhr sind auf dem Djamâa el-Fna fast nur noch Einheimische unterwegs, die bei den verschiedenen Darbietungen der Musiker mitklatschen und -singen oder auch gebannt den Geschichtenerzählern lauschen.

Ganze Familien nehmen an **Geschicklichkeitsspielen** teil, beispielsweise der Aufgabe, mit einer Angel eine Colaflasche zu fischen oder mit zwei wackligen, elastischen Stäben eine Zigarettenschachtel in einen Becher zu beförder.

Andere erhoffen sich Besserung ihrer Leiden von einem Wunderheiler, der auf einer Decke voller Krimskrams wie Zahnpastatuben, kleinen Cremeteigeln und -salben im Schein der Gaslampe genau das Richtige für den Kranken auswählt und bei Bedarf auch gleich einreibt.

In den Seitenstraßen von Guéliz und in den Gassen der Medina ist es dagegen spätabends dunkel und nahezu menschenleer (außer zur Zeit des Ramadan).

Bars

70 [H9] **African Chic,** 6, Rue Oum Errabia (Querstr. der Av. Mohammed V.), Guéliz. Vor dem Eingang findet eine Gesichtskontrolle statt, drinnen nippen Marokkaner und Ausländer gemeinsam alkoholische Drinks in verrauchter Klubatmosphäre. Die mit pseudoafrikanischen Bildern, Figuren und Mobiliar gestaltete Bar mit Tanzfläche füllt sich erst ab

023ma Abb.: ad

22.30 Uhr, wenn eine Liveband lateinamerikanische Rhythmen spielt. Happy Hour 19–21 Uhr, mehrere weitere Bars in unmittelbarer Umgebung.

› **Azar** (s. S. 29), Av. Yougoslavie, Guéliz. Auf der chilligen Terrasse dieser schicken „Brasserie Libanaise" gibt es Shishas, Wein und leckere Cocktails. Nightclub mit Livemusik im Keller (Eintritt frei).

› **Café Arabe** (s. S. 27), Rue el Mouassine, nördl. Medina. Abends treffen sich die marokkanische Schickeria und Touristen entspannt auf der Dachterrasse bei einigen Drinks.

› **Comptoir Darna** (s. S. 30), Av. Echouada, Hivernage, www.comptoirdarna.com. Elegantes Restaurant im EG und am Wochenende prall gefüllte Lounge im OG mit gemischtem Publikum aus gestylten Marokkanern und Ausländern, aber auch normalen Familien und Touristen. Täglich um 22.30 Uhr beginnt eine spektakuläre Show mit attraktiven, fast schon zu schlanken Bauchtänzerinnen, die sich auch nicht scheuen, auf die Tische zu steigen. Es werden sämtliche Alkoholika ausgeschenkt. Im kleinen Hofgarten mit Boutique schmusen Pärchen in den Polsterecken.

71 [J12] **Jad Mahal,** 10, Rue Haroun Errachid, Bab Jdid, Hivernage, Tel. 0524 436984, www.jad-mahal.com. Man glaubt sich in einer anderen Welt: Spärlich bekleidete, attraktive Empfangsdamen geleiten in diese schicke Lounge und Candlelight-Restaurant um einen Hofgarten. Im Barbereich herrscht Orientatmosphäre, die solvente ausländische und marokkanische Society genießt bei Livemusik und Tanzshow (tgl. ab 22.30 Uhr) einen oder mehrere Cocktails.

› **Kosybar** (s. S. 28), 47, Place des Ferblantiers. Hier sitzt man entspannt bei Kerzen- und Laternenlicht auf der Dachterrasse eines vornehmen Riads und genießt den Blick auf die beleuchtete Kutubiya. Bier 60 DH, Flasche Wein ab 130 DH.

› **Narwama** (s. S. 28), 30, Rue Kutubiya. Oriental-Lounge mit Cocktails und thailändisch-marokkanischer Küche.

72 [D7] **Sky Bar,** 89, Av. Mohamed V./Bd Zerktouni, tgl. 11–1 Uhr. Von der schicken Bar auf dem Dach des Hotels „La Renaissance" (s. S. 105) bietet sich zum Sonnenuntergang ein fantastischer Blick über die Stadt bis zum Hohen Atlas.

Discos, Klubs, Shows, Casinos

73 [D11] **Actor's,** im Hotel Médina & Spa, Av. Mohamed VI., tgl. ab 23 Uhr, Eintritt 150–200 DH. Der Klub eröffnete zum Filmfestival 2006, um die Filmstars im VIP-Bereich zu empfangen. Mittwochs Ladies' Night, täglich wechselnde Musik von Salsa, Funk bis orientalisch.

•**74** [H12] **Casino de Marrakech,** Av. El Qadissia, Hivernage, 50 m vom Hotel Es-Saâdi, Tel. 0524 448811, tgl. 14–4 Uhr. Im ältesten Kasino des Landes (seit 1952) herrscht verrauchte Spielhöllenatmosphäre mit Spielautomaten, Black Jack, Poker und Roulette. Gelegentlich auch Tanz- und Akrobatikshows, kein Dresscode, v. a. männliches Publikum.

› **La Mamounia,** Av. Bab Jdid, Tel. 0524 388600, www.mamounia.com. Zweites Casino der Stadt im berühmten Luxushotel La Mamounia Palace (s. S. 105) am Rande der Medina.

75 [H9] **Le Diamant Noir,** Hotel Marrakech, Place de la Liberté, Av. Mohammed V., Guéliz, Tel. 0524 446391, tgl. 23–3 Uhr. In diesem beliebten Klub tummelt sich wochentags v. a. homosexuelles Publikum, am Wochenende feiert man bei Pop- und Raï-Musik (= algerische Popmusik). Eintritt etwa 100 DH.

76 [D11] **Le Paradise,** im Hotel Mansour Eddahabi, Av. Mohammed VI., Tel. 0524 448222, tgl. ab 22.30 Uhr. Eine der bekanntesten Discos der Stadt, in der Hotelgäste, Expats und Marokkaner zusammen feiern. Eintritt 150 DH, teure Getränke.

77 [H12] **Le Théâtro,** Av. El Qadissia, Hivernage (im Hotel Es-Saâdi), Tel. 0524 448811, www.theatromarrakech.com, tgl. ab 24 Uhr. Dieser Klub ist momentan eine der ersten Adressen im Nachtleben der Stadt. Bekannte DJs (House) und Livespektakel unterhalten das hippe marokkanische und internationale Publikum. 150 DH Eintritt, dienstags Ladies' Night.

78 **Mégarama,** Bd Mohammed VI., beim Pacha Klub, Tel. 0890 102020. Modernes Kino mit aktuellem Hollywoodprogramm (franz.), Ticket 40 DH.

79 [D6] **Montecristo,** 20, Rue Ibn Aicha, Guéliz, Tel. 0524 439031, tgl. 19.30–2.30 Uhr. Restaurant, Pub, Klub und Oriental-Lounge in einem. Im Pub wird ab 22.30 Uhr Livemusik gespielt, im Klub legt der DJ internationale Hits und ab 24 Uhr Salsa auf. Jeden Abend Livespektakel mit Bauchtänzerinnen in der Lounge. Freier Eintritt, Getränkekonsum obligatorisch.

80 **Pacha,** Av. Mohammed VI., Nouvelle zone hôtelière de l'Agdal (einige Kilometer außerhalb des Zentrums), Tel. 0661 217397, www.pachamarrakech.com, tgl. ab 23.30 Uhr, Eintritt 100–150 DH. Während im Münchener Ableger des schicken Pacha Klubs Sommerfeste mit dem Motto „A trip to Marrakech" stattfinden, wird in dieser Partyburg in Form einer Kasbah europäische Freizügigkeit unter dem Dresscode „From Kaftan to Highheels" gefeiert.

81 [G13] **Suite Club,** Hotel Le Méridien N'Fis, Av. Mohammed VI., Tel. 0524 420700, tgl. 23–4 Uhr. Der Suite Club bezeichnet sich als „the most exclusive club" mit den bekanntesten DJs, kosmopolitem Publikum und chic-barockem Interieur. Eintritt 150 DH.

Marrakesch für Kunst- und Museumsfreunde

Marrakeschs Kulturleben entwickelt sich – langsam, aber stetig. In den letzten Jahren eröffneten mehrere neue Galerien in der Neustadt, die besonders zeitgenössische marokkanische Künstler fördern und in den Mittelpunkt des öffentlichen Interesses rücken möchten.

Das Literaturcafé Dar Cherifa 7 von Abdellatif Ait Ben Abdellah war im Jahr 2001 eine der ersten privaten Kultureinrichtungen in der Medina, die regelmäßig Ausstellungen marokkanischer Künstler und andere kulturelle Veranstaltungen organisierte. Auch andere Privatleute wie der Betreiber des Gästehauses Riad Sahara Nour beleben u. a. in Zusammenarbeit mit dem Goethe-Institut und dem Institut Français mit vielfältigen Veranstaltungen das kulturelle Leben der Stadt.

Wechselnde Ausstellungen marokkanischer Künstler finden unter anderem im Dar Cherifa und im Musée de Marrakech 4 statt. Auch das Institut francais veranstaltet regelmäßig Vernissagen. Museen existieren im Vergleich zu europäischen Metropolen in dieser Stadt nur wenige, die vorhandenen zählen aber dafür zu den Hauptsehenswürdigkeiten.

Museen

82 [M9] **Dar el Bacha,** Rue Dar el Bacha, Mouassine, Medina. Die amerikanische Galeristin Patti Birch, die auch maßgeblich an der Instandsetzung des Minbar der Kutubiya-Moschee (vgl. 13) durch das Metropolitan Museum of Art beteiligt war, veranlasste die Restaurierung

Marrakesch für Kunst- und Museumsfreunde

eines zum Palast gehörenden Riads in ein Museum. Patti Birch wählte Dar el Bacha als Ausstellungsort für ihre Sammlung aus etwa 5000 islamischen, afrikanischen, asiatischen und präkolumbianischen Kunstgegenständen. Die Eröffnung des Museums wird seit dem Tod von Patti Birch am 13. Februar 2007 immer wieder verschoben.

10 [P12] **Dar-Si-Said-Museum.** Volkskunstmuseum in einem Palast aus dem 19. Jh. mit umfangreicher Sammlung berberischen Kunsthandwerks.

11 [P12] **Dar-Tiskiwin-Museum.** Volkskunstmuseum des Sammlers Bert Flint mit einer wertvollen Kollektion an Alltagsgegenständen, Textilien, Schmuck usw. aus Marokko und dem Sahel.

83 [I5] **Musée d'Art islamique und Musée d´Art berbère,** im Jardin Majorelle 17, Tel. 0524 301852, www.jardinmajorelle.com, Okt.-Mai 8-17.30 Uhr, Juni-Sept. 8-18 Uhr, Eintritt Museum 25 DH plus Eintritt Garten 40 DH. Dieses Museum in der ehemaligen Galerie von Jacques Majorelle im botanischen Garten Jardin Majorelle beherbergt neben Werken des französischen Künstlers die persönliche Sammlung islamischer Kunst von Pierre Bergé und Yves Saint Laurent: u. a. wertvolle Keramik, Schmuck und Textilien verschiedener Berberstämme.

024ma Abb.: ad

Museen, die mit einer magentafarbenen Nummer (10) als Hauptsehenswürdigkeit ausgewiesen sind, werden im Kapitel „Marrakesch entdecken" ausführlich beschrieben. Dort finden sich auch alle praktischen Informationen wie Adresse, Öffnungszeiten usw.

84 [N8] **Musée de l'Art de Vivre,** 2, Derb Cherif, Diour Saboune, Tel. 0524 378373, www.museemedina.com, im Winter 9-17 Uhr, im Sommer 9-18 Uhr, 20 DH Eintritt. Wechselnde thematische Ausstellungen und Kulturveranstaltungen in einem herrlich renovierten Riad (s. S. 72).

85 **Musée de la Palmeraie,** Dar Tounsi, Route de Fès, Tel. 0610 408096, www.museepalmeraie.com, tgl. 9-18 Uhr. Das 2011 eröffnete Privatmuseum liegt in einem 2 ha großen Garten in der Palmeraie 20 und zeigt Bilder, Fotografien, Skulpturen und Installationen moderner marokkanischer Künstler.

4 [O9] **Musée de Marrakech.** Museum in einem sehenswerten Palast aus dem 19. Jh. mit verschiedenen antiken Ausstellungsstücken (Schmuck, Stoffe, Keramik usw.).

► *Monumental: Théâtre Royal*

◄ *Auf einen Tee im prunkvollen und historischen Dar Cherifa*

025ma Abb.: ad

Kultureinrichtungen

› **Café du Livre** (s. S. 33). Literaturcafé zum gemütlichen Schmökern in mehrsprachiger Literatur über Marokko.

•86 [K8] **Centre de Création artistique,** Riad Sahara Nour (s. S. 109), 118, Derb Dekkak, Bab Doukkala, Medina, Eintritt frei. Die Franzosen Lucile und François Gache schufen eine lebendige Begegnungsstätte für europäische und marokkanische Künstler, die im Rahmen von Workshops, Diskussionen, Vorträgen (franz. oder engl.), Lesungen, Konzerten etc. dem Publikum ihr Werk näherbringen. Für die regelmäßig stattfindenden Workshops (z. B. orient. Tanz, Aquarellmalerei, arabische Kalligrafie) ist eine Voranmeldung notwendig, zudem finden Kulturveranstaltungen statt.

•87 [O8] **Dar Bellarj**, 9, Toualat Zaouiat Lahdar, Tel. 0524 444555. Direkt angrenzend an die Ben-Youssef-Moschee befindet sich das „Haus der Störche". Die Kulturstiftung in einem schönen uq, der einst eine Klinik für Störche beherbergte, zeigt regelmäßig Ausstellungen zu verschiedenen Marokko-Themen. Häufig geschlossen.

7 [N9] **Dar Cherifa.** Galerie, Kulturcafé und Veranstaltungsort für kulturelle Events in einem wunderschönen Wohnhaus aus dem 16. Jh.

•88 **Dialogpunkt Deutsch** (Goethe-Institut), Av. Allal El Fassi Entrée 6 N°2, Centre de la langue allemande, Tel. 0524 331143, www.goethe.de/ins/eg/prj/dia/mar, Mo.- Fr. 9-12 u. 15-17.30 Uhr. Die Einrichtung organisiert in Zusammenarbeit mit dem Goethe-Institut Casablanca und lokalen Partnern u. a. Lesungen deutscher Schriftsteller und Dichter (in franz./arab. Übersetzung), Filmvorführungen und Begegnungen zwischen deutschen und marokkanischen Studenten. Hier findet sich auch eine Bibliothek mit deutschen Medien.

•89 [B5] **Institut Français,** Jbel Guéliz, Route de Targa (in der franz. Botschaft), Tel. 0524 446930, www.ifm.ma. Im französischen Kulturinstitut finden regelmäßig Lesungen, Filmvorführungen und

Marrakesch für Kunst- und Museumsfreunde

077ma Abb.: ad

Ausstellungen zeitgenössicher marokkanischer Künstler statt. Das Institut Français arbeitet auch mit anderen Kultureinrichtungen wie z. B. dem Dar Cherifa zusammen.

90 [D9] **Théâtre Royal,** Av. Mohammed VI. Architektonisch hervorstechendes Nationaltheater mit Theater-, Tanz- und Musikaufführungen sowie Ausstellungen zeitgenössischer marokkanischer Kunst. Veranstaltungshinweise in den Tageszeitungen.

Galerien

7 [N9] **Dar Cherifa.** wechselnde Ausstellungen marokkanischer Künstler. Eintritt frei.

91 [N15] **Light gallery,** 2, Derb Chtouka, Kasbah, in einer Nebengasse der Rue du Méchouar im Kasbah-Viertel, Tel. 0524 384565, Di.–So. 11–19 Uhr. In dieser von außen in Orange gestrichenen, kleinen Galerie (ein klimatisierter Raum) finden wechselnde Ausstellungen zeitgenössischer internationaler Kunst statt. Zudem werden ausgewählte Designeraccessoires sowie Bücher und DVDs zu marokkanischen Themen verkauft.

92 [P8] **Maison de la Photographie,** 46, Ahal Fès (von Souk des Fassis ostwärts), www.maisondelaphotographie.ma, Tel. 0524 385721, tgl. 9.30–19 Uhr, 40 DH Eintritt, Kinder unter 16 Jahren frei. In diesem schönen, weißen Hofhaus sind 4500 historische Fotografien ausgestellt. Die beeindruckenden Bilder von 1870–1950 zeigen Menschen, Städte, Architektur und Traditionen Marokkos. Gezeigt wird auch eine digitale Show von drei franz. Dokumentarfilmen aus den 1950er Jahren. Auf der Dachterrasse mit tollem Ausblick gibt es Tee und günstige Tajine.

93 [M9] **Ministero del Gusto,** 22, Derb Azzouz (kein Türschild), Mouassine, Medina, www.ministerodelgusto.com, Tel. 0524 426455. Dieses bunte Haus ist ein Kunstwerk für sich – eine extravagante Mischung aus modernem Wohndesign und schwarzafrikanischem Ethnostyle. Ausgestellt (und zu kaufen) sind ausgewählte Möbel- und Kleidungsstücke, Bilder, Schmuck und Skulpturen, auch wechselnde Ausstellungen internationaler Künstler. Unbedingt sehenswert!

▲ *Das Ministero del Gusto ist voller Designerstücke und Kunst*

EXTRATIPP

Dachterrassen

Besonders schön sitzt man auf der meist begrünten, mit Sitzgelegenheiten und Sonnenschirmen ausgestatteten Dachterrasse eines Riads. Bei einem erfrischenden *thé à la menthe* genießt man den Blick über Stromleitungen, Satellitenschüsseln und Wäscheleinen hinweg auf die ockerroten Häuser und Minarette der Stadt. Im Frühjahr und bei klarer Luft ist vielleicht sogar der verschneite Atlas am Horizont zu sehen.

Marrakesch zum Träumen und Entspannen

Nach einem ganzen Tag im Gedrängel der Altstadtgassen oder im Verkehrschaos von Guéliz hat der Orientneuling Entspannung dringend nötig.

Kleine Oasen der Ruhe hinter den fensterlosen Mauern der Altstadt sind die **Riads** mit leise plätschernden Springbrunnen und Vogelgezwitscher aus den Zitronen- und Orangenbäumen im Innenhof. In einem hier untergebrachten Gästehaus, einem Café oder Restaurant kann man schnell aus dem Rummel flüchten und kurz durchatmen, bevor man sich wieder in die Gassen wagt.

Ruhe und Entspannung finden Touristen und Einheimische auch in den schönen, sehr gepflegten **Parks** von Marrakesch. Die Almohaden importierten im 12. Jh. den Andalusischen Garten nach Marokko und so dienen bis heute die großen Gartenanlagen von Menara 18 und Agdal 19 als grüne Lungen der Stadt. Diese Oliven- und Obstbaumplantagen befinden sich außerhalb des Stadtzentrums und sind am besten mit der Kutsche oder dem Taxi zu erreichen.

Der Medina am nächsten liegt der **Garten der Kutubiya-Moschee** 1 sowie die legendären 7 ha großen **Gärten des Hotels La Mamounia Palace** (s. S. 105), die bereits seit dem 16. Jh. als Oliven- und Orangenplantagen existieren. Nur wenige Schritte von der Kutubiya-Moschee entlang der Av. Mohammed V. in Richtung Neustadt befindet sich auf der linken Seite der Eingang zum sogenannten **Cyber Parc** (s. u.), in dem Einheimische und Touristen abseits der Hauptverkehrsader flanieren.

Einer der schönsten Gärten weltweit ist sicherlich der **Jardin Majorelle** 17 im Nordosten von Guéliz bzw. nördlich des Bab Doukkala außerhalb der Stadtmauer. Frühmorgens kommt man hier dem Besucherrummel zuvor und kann herrliche Minuten zwischen exotischen Pflanzen und Vögeln verbringen. Im sehr gepflegten **Jardin el Harti** [F9] mit Kinderspielplatz nahe des Place du 16 Novembre in Guéliz kann man bei einem Neustadtbummel kurz entspannen.

Wer sich des Stresses von zu Hause entledigen möchte, der sollte sich ein **orientalisches Wellnessprogramm** gönnen. In stilvoll renovierten Riads der Medina und in den teuren Hotels der Neustadt sind der Besuch eines traditionellen Dampfbades, Massagen und jede Art von wohltuenden Behandlungen für Körper und Seele möglich. Dabei lernt man gleichzeitig orientalische Kosmetikprodukte wie Rhassoul und Arganienöl kennen, die auch in Europa immer mehr in Mode kommen.

027ma Abb.: ad

▶ *Kaktusblüte im Jardin Majorelle*

Marrakesch zum Träumen und Entspannen

028ma Abb.: ad

Parks und Gärten

⓳ [M15] **Agdal-Gärten.** Die älteste Gartenanlage der Stadt dient noch heute als landwirtschaftliche Nutzfläche mit riesigen Olivenhainen, Orangen-, Granatäpfel- und Feigenbäumen.

•94 [J11] **Cyber Parc (Arset Moulay Abdelslam).** Ein Besuch im sauberen, schönen Cyber Parc bzw. Arset Moulay Abdelslam direkt an der Av. Mohammed V. zwischen Medina und Guéliz lässt den Lärm, Smog und tobenden Verkehr der Stadt vergessen. Familien, Studenten und Jugendliche flanieren zwischen den akkurat geschnittenen Sträuchern, Jacarandas, Zitronenbäumen, Pinien, Palmen und Oliven. Man nimmt auf dem gepflegten Rasen oder auf den breiten Steinbänken im Schatten Platz und kann an Internetterminals mit Touchscreen sogar ins Internet gehen. In der Mitte des Parks bietet ein modernes **Cybercafé** kostenpflichtigen Internetzugang. Im westlichen Teil wandelt sich der Charakter des Parks von englisch-gepflegt zum Oasengarten mit kleinen Erdbewässerungskanälen unter Palmen und Oliven. Am Haupteingang ist in einem Glaspavillion eine kleine Ausstellung der Maroc Telecom zur Entwicklung der Telekommunikation in Marokko untergebracht.

⓱ [I5] **Jardin Majorelle.** Wunderschöner botanischer Garten des Modeschöpfers Yves Saint Laurent – ein (leider manchmal mit Touristen überfülltes) absolutes Muss in Marrakesch!

•95 [L12] **Kutubiya-Garten** (Parc Lalla Hasna). In dieser gepflegten Parkanlage nur wenige Fußminuten vom Djamâa el-Fna auf der Südwestseite der Kutubiya-Moschee ❶ entkommt man dem Verkehrslärm der Av. Mohamed V. und kann zwischen der Blütenpracht den Trubel auf dem großen Platz vergessen.

•96 [K13] **Mamounia-Gärten.** Der wunderschöne Park mit Palmen, Kakteen, Zitronenbäumen und duftendem Jasmin war ein Hochzeitsgeschenk des Alaouiten-Sultans Sidi Mohammed Ben Abdallah an seinem Sohn Mamoun. Seit 1923 gehören die Gärten zum legendären Luxushotel Mamounia Palace (s. S. 105).

⓲ [A15] **Menara-Gärten.** Unter den Olivenbäumen der Menara-Gärten kann man wunderbar entspannen. An klaren Tagen bietet der Pavillon vor dem großen Wasserbassin mit dem Hohen Atlas in der Ferne eines der beliebtesten Fotomotive Marrakeschs.

⓴ [J1] **Palmeraie.** Der einzige Palmenhain nördlich des Hohen Atlas ist weniger eine Gartenanlage als ein expandierendes Stadtviertel mit Luxushotels und Golfplatz unter Dattelpalmen.

▲ *Eine Oase für die Sinne: der Jardin Majorelle*

▶ *Stilvoll entspannen im Strandbad La plage rouge (s. S. 46)*

Orientalische Wellness

Wellness ist in – nicht nur in Europa. Daher eröffnen auch in Marrakesch immer mehr Oasen für das körperliche Wohlbefinden in stilvoll renovierten Riads. Dort genießt man nach einem anstrengenden Besichtigungstag ein Dampfbad (Hammam), Massagen und kosmetische Behandlungen wie Masken, Pedi- und Maniküre usw. in einem orientalischen Ambiente. Die neu eingerichteten **Wellnesstempel bieten perfekte Sauberkeit, Hygiene und Intimität** für das ausschließlich ausländische Publikum (Touristen und in Marrakesch lebende Ausländer). Auch alle großen Hotels haben Massagen, Hammam und Kosmetikbehandlungen im Programm. So ist z. B. der riesige Spa-Bereich des La Mamounia mit Reservierung auch für Nichtgäste geöffnet. Authentischer, um ein Vielfaches billiger und sicherlich ein unvergessliches Erlebnis ist ein Besuch in einem traditionellen Quartiershammam (s. S. 44).

Typische Produkte für den Hammam und die Schönheitspflege in Marokko sind die schmierige Olivenseife *(savon noir)*, die Mineraltonerde Rhassoul für Haut- und Haarmasken sowie Produkte (Lotionen, Cremes, Körperöle) mit Arganien-, Rosen- und Olivenöl.

•**97** [O8] **Bain d'Or,** in der Gasse an der Rückseite der Ben-Youssef-Moschee, Öffnungszeiten für Männer 6–11 u. 21–24 Uhr, für Frauen 11–21 Uhr, Eintritt 10 DH. Der älteste Hammam der Stadt wird noch heute von den Bewohnern des Quartiers genutzt. Bei diesem Bad handelt es sich um einen traditionellen Hammam (vgl. Exkurs „Hammam – das orientalische Bad", S. 44), d. h. ohne Privatbehandlung oder besondere Wahrung der Intimsphäre wie bei den anderen genannten Touristeneinrichtungen. Dafür kann man hier ein Stück authentischer marokkanischer Alltagskultur erleben.

•**98** [P10] **Isis Spa,** 12, Derb Jdid, Derb Dabachi, Medina, Tel. 0524 384550, www.riad-isis.com, 9–21 Uhr, nur mit Reservierung, Paket aus Hammam,

030ma Abb.: ad

Hammam – das orientalische Bad

072ma Abb.: lm

*Zur **Grundausstattung jedes Quartiers** einer orientalischen Altstadt gehört - ebenso wie etwa die Moschee - ein Hammam. Erst in den letzten Jahrzehnten wurden die alten marokkanischen Stadthäuser mit sanitären Anlagen versehen, vorher war die Körperwäsche nur in Hammams möglich. Zudem ist die rituelle „große Waschung" (z. B. nach Geschlechtsverkehr) eine religiöse Pflicht der Moslems. Der regelmäßige Besuch eines öffentlichen Bades gehört heute noch zum Alltag der Marokkaner. Auch der Marokkobesucher sollte sich einen Besuch im orientalischen Dampfbad nicht entgehen lassen.*

*Die Hammams sind entweder **nach Geschlechtern** in zwei Bereiche geteilt oder es gibt unterschiedliche Besuchszeiten. Frauen haben für gewöhnlich tagsüber Zutritt, in den Abend- und Nachtstunden (z. T. die ganze Nacht) ist der Hammam für die Männer reserviert. Kleine Jungs gehen übrigens mit ihren Müttern ins Hammam - das sind gleichzeitig die ersten Aufklärungsstunden.*

*Ein Hammam ist **traditionell viergeteilt** in einen **Ruhe- und Umkleide-***

raum, einen ***Kaltraum,*** einen ***mittleren warmen Raum*** und einen ***Heißraum.*** *Der Hammam wird von unten über einen Holzofen beheizt. An der Eingangstheke bezahlt man den Eintritt (ca. 10 DH) und kann seine Kleidung und den Rucksack zur Aufbewahrung abgeben. In den Shops neben dem Hammam oder am Eingang werden die notwendigen Utensilien verkauft: ein Schrubbhandschuh für die Haut (ca. 20 DH) und eine kleine Portion der dunklen, schmierigen und etwas seltsam riechenden Olivenseife (franz. savon noir, ca. 5 DH).*

Mit Unterhose oder Badeanzug bekleidet wäscht man sich in den drei unterschiedlich temperierten Räumen ausführlich mit unterschiedlich temperiertem Wasser aus kleinen Wandbrunnen oder Wasserhähnen. (Kleine Eimer dienen als Schöpfgefäße.) ***Berührungsängste*** *sollte man als Tourist nicht mitbringen: Die marokkanischen Männer und Frauen gehen wohlmeinend zur Hand und reiben sich gegenseitig mit der schwarzen Seife ein. Frauen färben sich zudem die Haare mit Henna oder enthaaren sich – perfekte Sauberkeit ist hier im Gegensatz zu den kommerziellen Bädern nicht immer gewährleistet.*

Zur Hammamroutine gehört auch, dass Badmitarbeiter einem mit dem mitgebrachten Handschuh kräftig den Körper abrubbeln, sodass sich ganze Spaghettirollen an alter Haut ablösen – eine Art ***marokkanisches Ganzkörperpeeling*** *(franz. gommage). Die Männer erhalten meist eine gliederverbiegende Massage. Wohlig-erschöpft und mit einem nie gekannten Gefühl von Sauberkeit entspannt man schlussendlich noch ein bisschen im Ruheraum.*

½ Std. Massage und Rhassoul-Maske für 300 DH. Die Mitarbeiterinnen von Chefin Layla versprechen u. a. eine herrlich erholsame, zarte Massage bei Synthesizer-Entspannungsmusik in einem im Zen-Stil renovierten Riad. Ergänzend werden Kosmetikprodukte (z. B. Arganienöl und Rhassoul) verkauft.

•**99** [P12] **Hammam Ziani,** 14, Riad Zitoun Djedid, ggü. Préfecture-Parkplatz nördl. des Eingangs zum El-Bahia-Palast, Tel. 0662 715571, www.hammamziani.ma, tgl. 8–22 Uhr, getrennter Frauen- und Männerbereich. Wer sich in einem Quartier-Hammam nicht wohlfühlt, ist in diesem beliebten, sehr sauberen Bad richtig. Packages mit Massage, Badeset (Sandalen, Seife, Bademantel etc.), Hautschrubben usw. gibt es für 300 DH. Der Eintritt ohne Massage beläuft sich auf 50 DH.

•**100** [M14] **Les Bains de Marrakech,** 2, Derb Sedra, Bab Agnaou, Kasbah, www.lesbainsdemarrakech.com, Tel. 0524 381428, tgl. 9–19.30 Uhr, nur mit Reservierung, Hammam inkl. Gommage 150 DH, mit 1 Std. Massage 550 DH. In diesem Entspannungstempel in dezent rotbraunen Tönen genießt man Massagen, diverse Kosmetikanwendungen und die feuchte Hitze des Hammams. Ein kleiner Pool im Hof, Gebäck und Tee im Ruheraum mit Wasserzerstäubern lassen die Wartezeit zwischen Hammam und Massage schnell vergehen. Das Personal spricht Englisch.

◄ *Luxus-Hammam im Hotel La Mamounia*

Baden und Strandleben

Wer sich gleich mehrere Stunden oder einen ganzen Tag ausklinken und die nordafrikanische Sonne genießen möchte, dem seien die folgenden **Badeoasen** ans Herz gelegt.

- •**101 Beldi Country Club,** Route d'Amizmiz (6 km), Cherifia, Tel. 0524 383950, www.beldicountryclub.com, tgl. 10.30–19.30 Uhr, Eintritt 200 DH, 350 DH inkl. Mittagessen. Wer außerhalb des Stadttrubels entspannen und baden möchte ist hier richtig. Auf dem ruhigen Farmgelände mit Hotel gibt es einen großen Pool zum Schwimmen, zwei weitere zum Planschen, Liegeplätze unter Olivenbäumen und einen Spa-Bereich mit eigenen Wellness-Produkten. Anfahrt mit dem Taxi.
- •**102 La plage rouge,** km 10, route de l'Ourika, www.laplagerougemarrakech.com, Tel. 0524 3780-86/-87, Eintritt 250 DH inkl. Liege. Hier gilt jeden Tag ab 10 Uhr bis zum Morgengrauen das Motto „sehen und gesehen werden". An der Strandbar wird die ganze Palette alkoholischer Getränke von Bier, Cocktails und marokkanischen Weinen bis zu Champagner ausgeschenkt. Die schicke Anlage um einen zentralen, 80 x 40 m großen Pool mit Palmen, Polsterliegen, breiten Futons und Hängematten ist weniger für Familien geeignet. Ab 22 Uhr sorgt eine auf einem Podest im Pool platzierte Band mit Livemusik für Stimmung. Anfahrt: Die Anlage liegt relativ weit außerhalb an der Straße nach Ourika (dort beschildert), dreimal täglich mit privatem Shuttlebus ab dem Palais de Congrès oder an der Kutubiya-Moschee ❶ beim Café Islane zu erreichen; ansonsten mit dem Taxi.
- •**103 Nikki Beach,** Circuit de la Palmeraie, Tel. 0663 519992, www.nikkibeach.com, tgl. ab 11.30 Uhr. Hollywood, Marbella, New York, Miami ... Marrakesch! In diesem exklusiven Strandklub (Durchschnittsalter 30 Jahre) mit Ablegern in der ganzen Welt treffen sich die Schönen und Reichen. Bei einem Cocktail, Champagner oder feinen Snacks und internationalen Gerichten sitzt man um die Poolanlage mit Palmen und lässt sich ab 16 Uhr vom DJ beschallen. Kein Eintritt, dafür sehr hohe Getränkepreise.
- •**104 Oasiria,** km 4, route d'Amizmiz, Cherifia (ggü. Royal Club Equestre), Tel. 0524 380438, www.oasiria.com, Eintritt Erw. 190 DH/Tag, 150 DH/halber Tag (evtl. Vergünstigung bei Vermittlung über das Gästehaus), Kinder bis 150 cm Körpergröße 110 bzw. 90 DH, Kinder unter 80 cm kostenlos, tgl. 10–18 Uhr. Schönes Familienbad auf einem 10 ha großen Gelände mit Oliven- und Eukalyptusbäumen und schattigen Rasenflächen. Das Wellenbad, ein 500 m langer Wasserkanal, in dem man sich mit Gummireifen treiben lassen kann, die Pirate Lagoon mit Piratenschiff und die Kid's Lagoon mit Abenteuerspielplatz bringen vor allem Kindern Spaß (Spaßbereich erst im Frühjahr ab ca. 1. April geöffnet). Anfahrt: mehrmals täglich kostenloser Shuttleservice ab dem Parkplatz an der Kutubiya-Moschee und gegenüber des McDonald's in Guéliz. Ansonsten nimmt man am besten ein Taxi.

031ma Abb.: po

▲ *Spaß für Kinder im Bad Oasiria*

Am Puls der Stadt

002ma Abb.: dz

Wohl in kaum einer anderen Stadt kann man die Gegensätze zwischen orientalischer Tradition und modernem Lebensstil so hautnah erleben wie in Marrakesch. Hier begegnet man reichen, elegant gekleideten Marokkanern, jungen Mädchen in Minirock, Jeans oder Kaftan, Bettlern, Gauklern, Marktschreiern, Handwerkern, Wasserverkäufern und Nomaden aus der Wüste neben kamerabehängten Touristengruppen.

Das Antlitz der Metropole: die „Rote Stadt“

Marrakesch, das Zentrum Südmarokkos, liegt in etwa 465 m Höhe auf der **fruchtbaren Haouz-Ebene** nördlich des Hohen Atlas, dessen 4000 m hohe Gipfel nur 50 km südlich der Stadt aufragen. Auf den Anbauflächen der Region Haouz, die jahrhundertelang mit Khettaras (unterirdischen Kanälen) bewässert wurden, wachsen vor allem Olivenbäume und Getreide. Die Gebirgskette des **Hohen Atlas** prägt das Klima der Region und auch bei Temperaturen von über 35 °C im Sommer weht in den Abendstunden noch ein kühler Wind von den Bergen her. Die hohen Lagen des Gebirges bedeckt von Ende Dezember bis Ende März meist eine dicke Schneeschicht – der Hohe Atlas bildet in dieser Zeit bei klarem Wetter eine traumhafte Kulisse am Horizont von Marrakesch. Der Atlantik (z.B. die Surferstadt Essaouira) ist knapp 200 km entfernt und daher auch auf einem Tagestrip zu erreichen.

Der Name der Metropole leitet sich vom Wort *Mraksch* (= „die Stadt“) ab, die Stadt selbst wiederum war namensgebend für das Land Marokko. Im Stadtgebiet von Marrakesch leben heute knapp **eine Million Einwohner,** die sich stolz *Marrakchis* nennen. Die Marrakchis gelten unter Marokkanern als „el bahja“, d.h. als fröhliche sowie gastfreundliche und warmherzige Leute. Traditionell sind sie als begnadete Geschichtenerzähler bekannt, das Zentrum der mündlichen Überlieferung alter und neuer Geschichten bildet dabei natürlich der Djamâa el-Fna ❷.

Nähert man sich Marrakesch vom Flughafen, also aus dem Südwesten, so präsentiert sich die Stadt als ein **blühender Park:** mit Palmenalleen, Rosen, Oleander, Bougainvilleen und plätschernden Springbrunnen. An den blitzsauberen Einfahrtsstraßen schießen Neubauviertel mit noblen Eigentumswohnungen aus der Wüstenerde. Vorbei an den Menara-Gärten gelangt man in die **Hivernage** westlich der Altstadt. Hier reiht sich ein Luxushotel mit exotischem Garten und Poollandschaft an das nächste.

Weiter nördlich schließt **Guéliz** an, die unter den Franzosen errichtete Neustadt und heute bevorzugtes Wohngebiet der Mittelschicht mit mehrgeschossigen Mietshäusern. Im Nordosten fällt der einzige Hügel der Stadt auf, der Djabal Guéliz mit einer Militärbasis. Entlang der **Hauptverkehrsader Av. Mohammed V.** gibt es Banken, Straßencafés, Restaurants, Boutiquen, Autovermietungen, Reisebüros und Immobilienagenturen. Natürlich fehlt auch der McDonalds nicht – dort hängt das obligatorische Porträt des jungen Königs neben der

◄ *Vorseite: Bauchtanzvorstellung im Restaurant Dar Zellij (s. S. 27)*

Statue von Ronald McDonald. In der Neustadt überwiegt das moderne Leben: Die Männer tragen dunkle Hose und Hemd, die Frauen offenes Haar und Jeans.

Am südöstlichen Ende der Av. Mohammed V. markiert die **Stadtmauer** den Eingang in die **Medina**, die Altstadt. Die **ockerrot gestrichenen Hauswände und Stadtmauern** verhalfen Marrakesch zu seinem Beinamen „Al Hamra“ oder „La Rouge“ – die „Rote Stadt“. Die Kutubiya-Moschee ❶ thront als Wahrzeichen von Marrakesch über der Medina. Schon von Weitem sichtbar, dient ihr mächtiges Minarett als Orientierungsmarke, um zum Djamâa el-Fna hin bzw. wieder aus der Medina herauszufinden.

Der nahegelegene „Platz der Geköpften“ **Djamâa el-Fna** ❷ ist zweifellos die größte Attraktion Marrakeschs. Am Nachmittag kann man hier die Schlangenbeschwörer, Artisten und Gnaoua-Musiker beobachten. Der Platz trennt die Medina in einen **nördlichen Teil** mit den ausgedehnten Souks (Märkten) und einen **südlichen Teil** mit Sehenswürdigkeiten wie dem El-Bahia- und El-Badi-Palast sowie dem Kasbah-Viertel.

Hinter den fensterlosen Mauern der Altstadt verbergen sich prachtvolle Hofhäuser, sogenannte **Riads** oder **Dars**, mit Mosaiken, Springbrunnen, Stuckornamenten und Zedernholzschnitzereien – einst Residenzen von Wesiren oder Sultanen. Jahrzehntelang drohte diesen z.T. einige Hundert Jahre alten Häusern der Verfall. Nach der Unabhängigkeit und dem Abzug der Franzosen aus der Neustadt drängten arme Familien vom Land in die Medina, oft teilten sich mehrere Großfamilien die Geschosse der Häuser. Die bisherigen Bewohner der Altstadt, Angehörige der oberen Mittelschicht, zogen in die modernen Häuser der Neustadt um. Die Medina marginalisierte, war überbevölkert, dreckig, ohne Strom und fließend Wasser. Das alte Kunsthandwerk in den Häusern konnte nicht instand gehalten werden.

Angestoßen durch Berichte über die Medina in den europäischen Medien entwickelte sich ab den 1990er-Jahren schließlich ein internationaler Immobilienmarkt für Wohnhäuser in der Altstadt. Heute besitzen nicht mehr nur noch Reiche und Künstler einen Riad, auch Rentner und Orientliebhaber aus aller Welt gestalten sich in Marrakesch ihren eigenen kleinen Palast als privates Wohnhaus oder **Maison d'Hôtes.** Die **Immobilienpreise steigen jährlich rasant**, sodass eine Investition in Marrakesch schon als bombensicheres Geschäft gilt.

Inzwischen hat sich die ganze internationale Prominenz von Mick Jagger bis Kate Moss in Marrakesch eingekauft. Entsprechend präsentiert sich die Altstadt heute: ordentlich gepflasterte Gassen mit funktionierender Stromversorgung und Kanalisation, an jeder Ecke Läden mit Waren für den touristischen Bedarf.

Nördlich der Medina und jenseits der Stadtmauern breitet sich der einzige Dattelpalmenhain nördlich des Hohen Atlas aus: die **Palmeraie** ⑳. Hier leben die Reichen der Stadt in großzügigen Villen, hier befindet sich ein Golfplatz und entstehen ständig neue Oberklassehotels.

Außerhalb des Zentrums liegen auch die großen Gärten der Stadt, die unter den Almohaden nach andalusischem Vorbild entstanden: die **Jardins Menara** ⑱ und **Agdal** ⑲, beides alte Obst- und Olivengärten, in denen sich die Bevölkerung zum Picknick und zur Erholung trifft.

032ma Abb.: ad

Handelshäuser, zwei christliche Friedhöfe und zwei christliche Gefängnisse in der Kasbah ein.

Vor allem Nordmarokko, aber auch Marrakesch nahm nach dem Fall Granadas ab 1492 viele **muslimische und jüdische Flüchtliche** von der iberischen Halbinsel auf. Die aus Spanien zugewanderten Juden beherrschten schnell das wirtschaftliche Leben in der Mellah 16 von Marrakesch. Unter Moulay Ahmed al-Mansour (1578–1603) blühte der **transsaharische Karawanenhandel**, dieser erweiterte das Reich bis an den Niger und in den Sudan.

Machtergreifung der Alaouiten-Dynastie (ab 1666)

Zu Anfang des 17. Jh. traten die Alaouiten die Nachfolge der Saadier an. Der Bruder des verstorbenen Sultans Moulay Rachid (1666–1672) machte 1672 Meknès zur Königsstadt. Der prunksüchtige neue König Moulay Ismaïl (1672–1727) betrieb **Raubbau an den Palästen der Saadier** in Marrakesch, ließ die Saadier-Gräber zumauern und andere Prachtbauten in der Kasbah vernichten, zerstörte den El-Badi-Palast und transportierte das Marmor von dort nach Meknès ab, um dort seine neue *ville impériale* zu errichten.

Mohammed Ben Abdallah (1746–1757) befriedete das Land und engagierte sich für den Wiederaufbau der Kasbah, von Zaouias, Mausoleen und Moscheen in Marrakesch. Er besuchte die Stadt regelmäßig und ließ Gärten wie etwa diejenigen des Hotels La Mamounia Palace (s. S. 105) sowie vier große Versammlungsplätze *(méchouars)* errichten. Unter ihm erwachte Marrakesch wieder zum Leben und zu neuem Glanz.

Ende des 19. Jh. verloren die Alaouiten-Herrscher immer mehr an Einfluss, örtliche Paschas und Berberfürsten gewannen an Macht. Sultan **Moulay Hassan** (Hassan I., 1873–1894) residierte abwechselnd in Marrakesch und in Fès. Er versuchte, die Berberstämme zu bändigen und sich dem zunehmenden ausländischen Druck entgegenzustemmen. Wenn er mit seinem gesamten Hofstaat – mit Harem, Soldaten, Funktionären und Verwaltern – in den Süden zog, verdoppelte sich inklusive der zu diesem Ereignis zuwandernden Handwerker und Dienstleister die Bevölkerung Marrakeschs. Moulay Hassan errichtete den bis heute erhaltenen prunkvollen Wesirspalast Bahia.

Schon unter Moulay Hassan **erweiterten die Europäer ihren Machteinfluss** in Nordafrika und begannen, die Haouz-Ebene landwirtschaftlich für sich zu nutzen. Bis 1867 durften europäische (christliche) Reisende die Stadt ohne Erlaubnis des Sultans nicht betreten. Charles de Foucauld

▲ *Kuppeldach der Koubba Almoravide (s. S. 70)*

verkleidete sich als osteuropäischer Jude und erhielt so Einlass. Nach Aufhebung der Restriktionen kamen mehr und mehr Europäer nach Marrakesch, um die Stadt zu besuchen oder Geschäfte zu machen.

Noch bis 1894 passierten zweimal jährlich Karawanen mit Gold und Sklaven aus Timbuktu die Stadt Marrakesch auf dem Weg zur Küste. Im späten 19. Jh. galt Marrakesch als der **größte Sklavenmarkt in Marokko,** jährlich wechselten mehrere Tausend Sklaven auf Auktionen ihren Besitzer. Später begannen sich die Märkte mit europäischen Waren zu füllen.

Französisches Protektorat und Pascha al-Glaoui (1912–1956)

Nach dem Tod Moulay Hassans erlangte der unerfahrene junge Moulay Abdelaziz (1894–1908) die Sultanswürde. Der **Pascha Madani al-Glaoui** unterstützte Moulay Hafidh, den Bruder des amtierenden Sultans, im Kampf um den Thron und wurde, als dieser die Sultanswürde erlangte, mit zahlreichen Machtbefugnissen ausgestattet.

Am 30. März 1912 unterzeichnete Moulay Hafidh die **Konvention von Fès,** mit der fast ganz Marokko (der nördlichste Teil unterstand spanischer Kontrolle) unter **französisches Protektorat** gestellt wurde. Die Hauptstadt des französischen Territoriums wurde Rabat, die Spanier wählten Tétouan zum Verwaltungssitz, Tanger wurde 1923 internationale Zone. Der französische **Marschall Louis Hubert Lyautey** übernahm als Generalresident mehr oder minder die Regierungsgeschäfte, dem Sultan kam nur noch eine formelle Funktion zu. Lyautey veranlasste in den marokkanischen Städten den **Bau moderner Wohn- und Verwaltungsviertel für die Franzosen,** den sogenannten *Villes Nouvelles* außerhalb der Stadtmauern. Die **Lebensbereiche** von Ausländern und Marokkanern, die in der Medina lebten, wurden somit **streng getrennt.**

Die französische Armee verbündete sich mit Thami al-Glaoui, Angehöriger des Berberstammes der Glaoua und jüngerer Bruder Madani al-Glaouis, und vertrieb nur wenige Monate nach dem Einmarsch des Berberrebellen El Hiba im August 1912 diesen aus der Stadt. **Thami al-Glaoui** wurde zum neuen Pascha ausgerufen und kooperierte mit den Franzosen. Er verschaffte sich durch diese Verbindung zahlreiche Vorteile und wurde bald einer der einflussreichsten Männer Marokkos.

Als Mohammed V. 1956 den Thron eines unabhängigen Köngreichs bestieg (s. u.), war es aus mit der Macht al-Glaouis. Drei Jahre später starb der einst mächtige Pascha, sein Vermögen wurde vom Staat beschlagnahmt. Prächtige Stadtpalais in der Medina von Marrakesch und große Kasbahs im Süden Marokkos zeugen noch heute von seiner einstigen Macht.

Unabhängiges Königreich Marokko (seit 1956)

1944 formierte sich die **marokkanische Unabhängigkeitspartei Istiqlal** unter Allal al-Fassi, zu deren Linie sich der damals amtierende Alaouiten-Sultan **Mohammed V.** (1927–1961) bei einer Rede in Tanger 1947 offen bekannte. Dies war der Ausgangspunkt zur **Verbreitung des Unabhängigkeitsgedankens** im ganzen Land.

Nach **Masseninhaftierungen, Presseverbot und Landesverweisungen** wurde auch Mohammed V. im August 1953 ins Exil geschickt. Ben Arafa wurde zum Marionettensultan von Frankreichs Gnaden erhoben, musste aber 1955 wegen der nicht zu unterdrückenden Unabhängigkeitsbewegung schon wieder abdanken. Mohammed V. kehrte umjubelt aus dem Exil zurück und am 2. März 1956 wurde das **Ende des französischen Protektorats** besiegelt. Am 16. August 1956 nahm Mohammed V. den Königstitel an.

Die Nachfolge trat nach seinem Tod 1961 sein Sohn **Hassan II.** an, der 38 Jahre lang mit strenger Hand die marokkanische Politik bestimmte. Diesem folgte am 23. Juli 1999, dem Todestag Hassans II., sein Sohn **Mohammed VI.** auf den Thron. Der **König ist religiöses und staatliches Oberhaupt** des Landes und kann einen Großteil exekutiver und legislativer Entscheidungen per Dekret treffen bzw. beeinflussen. Er hat den Vorsitz im Obersten Rat der Richter und Staatsanwälte, ist Oberbefehlshaber der Streitkräfte und ernennt die wichtigsten Minister.

1961 wurde erstmals eine **Verfassung** verkündet. Am 13. September 1996 wurde die heute gültige Verfassung per Referendum angenommen. Es gibt ein Zweikammerparlament, Marokko ist offiziell eine „konstitutionelle, demokratische und soziale Monarchie“ (Art. 1 der Verfassung), wobei das Schwergewicht der Machtbefugnisse jedoch immer noch beim Monarchen liegt.

Der aktuelle, junge **König Mohammed VI.** (geb. 1963) aus der Alaouiten-Dynastie gilt als **liberaler Herrscher,** der sich vor allem für die Rechte der Frauen, die Armuts- und Korruptionsbekämpfung sowie die Alphabetisierung einsetzt. Der **Personenkult** um den König, wie er besonders unter Hassan II. gepflegt wurde, setzt sich jedoch bis heute fort. **Tabuthemen** (auch für die Presse) sind nach wie vor die Führungsposition bzw. Unantastbarkeit des Königshauses und der Anspruch Marokkos auf das Gebiet der Westsahara.

Leben in der Stadt

„Perle des Orients“ oder „Rote Stadt“ nennt man sie liebevoll und nicht umsonst war Marrakesch Handlungsort zahlloser Filme und Romane. Ob Leo Africanus im 16. Jh., Paul Bowles, Elias Canetti oder Winston Churchill – seit Jahrhunderten fasziniert die heutige Fast-Millionstadt zwischen Orient und Okzident seine Besucher.

Die „Perle des Orients“ bietet bunte Märkte, maurische Architektur, ausgedehnte Gärten und eine gute touristische Infrastruktur. Das ganzjährig angenehme Klima, die fantastische Lage am Rande des Hohen Atlas und nicht weit von den Kasbahs (Lehmburgen der Berber) und Wüstenlandschaften im Süden, die Offenheit und Freundlichkeit der Menschen, das orientalische Flair verbunden mit modernem Komfort machen Marrakesch für Touristen so attraktiv. Dank Aufklärungsmaßnahmen in den Medien bleiben Ausländer inzwischen fast völlig von lästiger Anmache verschont. So verwundert es nicht, dass die Stadt in den letzten Jahren das Pauschalreiseziel Agadir als **Touristendestination Nummer eins** ablöste.

► *Überall präsent: die marokkanische Flagge*

Bis 2012 soll sowohl die Passagierkapazität des Flughafens als auch die Bettenkapazität der Stadt (bisher rund 39.000) im Rahmen der offensiven staatlichen Tourismusförderung verdoppelt werden.

Obwohl die Terroranschläge vom 11. September 2001 in New York, vom 11. April 2002 in Djerba und vom 16. Mai 2003 in Casablanca Marokko als Touristenziel einen merklichen Dämpfer verpasst haben, ist der **Marrakesch-Boom** nicht zu stoppen. Daran hat auch der Terroranschlag am Djamâa el-Fna im April 2011 wenig geändert. Die Stadt wird inzwischen jedes Jahr von mehr als zwei Millionen Ausländern besucht. Marrakesch etabliert sich zudem als Incentive-Reiseziel und als Tagungsort für **Kongresse.** Internationale Gipfeltreffen wie das GATT-Treffen 1995 oder die Weltklimakonferenz 2001 wurden in Marrakesch abgehalten. Im Januar 2008 fand erstmals eine internationale Tourismusmesse (Moroccan Travel Market) statt.

Marrakesch ist neben Rabat, Fès und Meknès **eine der vier Königsstädte Marokkos.** Das bedeutet, dass es einst Hauptstadt des Reiches und Residenz des Königs bzw. Sultans war. Noch heute dienen die beiden Königspaläste als temporärer Wohnsitz des staatlichen und religösen Oberhaupts Mohammed VI. bei Besuchen in der Region. Doch während Fès noch heute als die Stadt des Islam, der Frömmigkeit und der Intellektuellen gilt, hing an Marrakesch schon immer der **Ruf der Freizügigkeit.** In den 1950er- und 1960er-Jahren entdeckten amerikanische Schriftsteller der Beatgeneration, Künstler, der internationale Jetset, Alternative und Hippies die Stadt für sich. Esther Freud beschreibt in ihrem mit Kate

033ma Abb.: ad

Winslet verfilmten Roman „Marrakesch" die Suche nach einem freien, selbstbestimmten Leben im Orient abseits der heimischen Konventionen in den 1970er-Jahren.

Bis heute ist Marrakesch beliebter **Drehort für internationale (Hollywood-)Filmproduktionen** und Schauplatz vieler Romane – darunter Elias Canettis bezaubernde Erzählungen des Alltagslebens in „Stimmen von Marrakesch". In Marrakesch wurden u.a „Der Mann, der zuviel wusste" von Alfred Hichcock (1955), „Faustrecht der Freiheit" von Rainer Werner Fassbinder (1975), „Marrakesch" von Giles MacKinnon (1998) und „Die Mumie" von Stephen Sommers (1999) gedreht.

In den letzten Jahrzehnten begeisterte sich **Prominenz aus der ganzen Welt** für Marrakesch, darunter Winston Churchill, Coco Chanel, Charlie Chaplin und Orson Welles, die in den 1940er- und 1950er-Jahren regelmäßig im Hotel La Mamounia Palace (s. S. 105) abstiegen. Alfred Hitchcock drehte hier „Der Mann, der zuviel wusste" und Marlene Dietrich „Coeurs brûlés". Die Rockgruppe Crosby, Stills & Nash schrieb ihren Song „Marrakech Express", auch Jimi Hendrix und andere legendäre Rockmusiker suchten in Marrakesch musikalische Inspiration.

Heute gehört es unter **Milliardären,** darunter auch immer mehr Russen, und der internationalen Prominenz zum guten Ton, in der „Roten Stadt" einen Privatpalast zu besitzen. Zu den bekanntesten Hausbesitzern zähl(t)en Yves Saint Laurent, Naomi Campbell, Mick Jagger, Sting, Brian Ferry und Paul McCartney. Auch die Beckhams, Madonna, Nicole Kidman und Kate Moss machen hier regelmäßig Urlaub. Media-Markt-Gründer Walter Gunz residiert in einem von ihm renovierten Millionenanwesen in der Medina und auch der Millionär Bernd Kolb, Ex-Vorstand bei der Deutschen Telekom, investiert in Altstadthäuser, um diese nach seinen Vorstellungen umzugestalten. Marrakesch lebt so sein **Image als weltoffene, kosmopolitische Stadt,** die jeden (besonders natürlich Investoren) willkommen heißt.

▲ *Gnaoua-Musiker am Djamâa el-Fna* ❷

Negative Begleiterscheinungen dieses Marrakesch-Booms bleiben natürlich nicht aus. Marrakesch veränderte sich in den letzten Jahren so schnell, dass die Einheimischen ihre Heimatstadt kaum wiedererkennen. Viele Marrakchis fühlen sich von Touristen und den zugezogenen Ausländern aus der Medina verdrängt. Es wird sogar schon prophezeit, dass in zehn Jahren die Medina komplett in ausländischer Hand sein könnte. Marokkaner kämen dann nur noch zur Arbeit in die Altstadt – als Bedienstete im Riad eines Ausländers. Die Medina wird nicht nur ausverkauft, sondern auch touristisch überformt – statt Lebensmittelläden für die Einheimischen **dominieren vielerorts Souvenir- und Gewürzshops das Gassenbild.** Marrakchis, die noch in der Altstadt leben, haben mit einem massiven Anstieg der Lebenshaltungskosten und der Mieten zu kämpfen.

Der **exzessive Alkoholkonsum** in manchen Bars und Riads sowie das **freizügige Auftreten vieler Touristen** (mit Minirock und knallengem Trägershirt in der Koranschule!) lassen sich zudem kaum mit muslimischen Moralvorstellungen vereinbaren – Ressentiments der traditionell orientierten Medinabewohner gegenüber den respektlosen Ausländern wachsen.

Hinter den Mauern der Medina, versteckt von der Außenwelt, blüht die **Prostitution.** Die Stadt ist nicht nur als Homosexuellen-Treff bekannt, sondern leider auch unter Pädophilen beliebt. Die Regierung stellte in den letzten Jahren Ausländer wegen des Vorwurfs des Kindermissbrauchs vor Gericht.

Die **wachsenden Gegensätze** in der Stadt sorgen für sozialen Sprengstoff. Während Modedesigner, Hollywoodstars und Models in Superluxus-Riads mit Gourmetküche residieren, bitten in den benachbarten Gassen abgerissene Bettler um ein Almosen, 6-jährige Kinder verkaufen Kekse und 12-jährige Jungs müssen in den Eisensouks den ganzen Tag Metall hämmern, um zum geringen Lebensunterhalt der Familie beizutragen.

Der Bau teurer Appartmentanlagen, teils sogar mit künstlichen Lagunen, von Golfplätzen, Luxushotels mit Pools und Badeparadiesen bringt außerdem **ökologische Probleme** mit sich. Der Wasserverbrauch steigt in astronomische Höhen, der Grundwasserspiegel sinkt kontinuierlich und die stabile Wasserversorgung Marrakeschs wird vor allem in den heißen Sommermonaten eine kritische Angelegenheit.

Die weitere Entwicklung der Stadt bleibt spannend – es ist zu hoffen, dass ein Mittelweg zwischen touristischem Angebot und der Erhaltung des alten orientalischen Charme Marrakeschs eingeschlagen wird.

035na Abb.: ad

◄ *Renovierter Stadtpalast des Paschas al-Glaoui in der Medina*

Leben wie ein Pascha in der Medina von Marrakesch

von Prof. Dr. Anton Escher und Dipl.-Geogr. Sandra Petermann, Johannes-Gutenberg-Universität Mainz

Wo ist das Unauffindbare findbar, wo das Unmögliche möglich und wo werden dem Menschen alle Wünsche erfüllt? Glaubt man dem bekannten Filmarchäologen Indiana Jones, dann existiert nur ein Ort, an dem dies zutrifft: Marrakesch!

Zu Beginn des französischen Protektorats fanden europäische Künstler wie Jacques Majorelle den Weg nach Marrakesch, ihnen folgten über Tanger amerikanische Schriftsteller der Beatgeneration, der internationale Jetset und über Essaouira mit Blumen bekränzte Hippies. Heute besuchen nahezu alle Marokkotouristen die Rote Stadt. Im Gegensatz zu vie-

Leben wie ein Pascha in der Medina von Marrakesch

len verfallenden Altstädten des Orients, in denen die unterste Bevölkerungsschicht des Landes lebt, erfreut sich die Medina von Marrakesch eines vorher nicht gekannten Glanzes. Für die umfassende Renovierung vieler Wohnhäuser sind Europäer verantwortlich, von denen sich bereits Ende des 20. Jh. 150 in der Altstadt etabliert hatten. Im Jahr 2009 waren mehr als 2100 Immobilien in der Medina in ausländischer Hand. Die Eigentümer bauen einzelne Wohnhäuser, Hauskombinationen bis hin zu ganzen Sackgassenabschnitten nach ihren orientalistischen Vorstellungen aus und um.

Angestoßen wurde der ungeahnte europäische Zuzug einerseits durch den jungen belgischen Architekten Quentin Wilbaux, der in den 1990er-Jahren Hunderte Wohnhäuser in der Altstadt durch Vermessung und Kartierung wissenschaftlich erfasste und einige Jahre später zusammen mit seinem marokkanischen Freund Abdellatif Ait Ben Abdallah über eine Immobilienfirma vermarktete.

Andererseits bewirkten die Medien, allen voran das französische Fernsehen mit einer Sendung über den Hauskauf in den Altstädten von Marrakesch und Essaouira, dass die Medina nicht mehr lediglich Reiche und Künstler anzieht. In Zeitungen, Journalen, Spielfilmen und im Internet werden das orientalische Bild und das märchenhafte Image der Stadt Marrakesch sowie die Attraktivität der Riads immer wieder thematisiert. Im Laufe der letzen fünf Jahre wurden so – ermöglicht durch die historische Bausubstanz und begleitet von wirtschaftlichen und politischen Veränderungen in Marokko – die Bedingungen für eine weltweite Vermarktung der Altstadtimmobilien von Marrakesch geschaffen. Und die Nachfrage nach diesem Angebot scheint, trotz der Terroranschläge von New York und Casablanca, nicht nachzulassen.

Auch hat die Anwesenheit der Ausländer inzwischen dazu beigetragen, dass die kommunale Infrastruktur der Altstadt (Wegepflasterung, Parkanlagen, Wasser- und Stromversorgung sowie Kanalisation) erneuert wurde. Der ausländische Zuzug in die Altstadt wird weiter anhalten und der Immobilienmarkt zwischen den Europäern wird sich verstärken. Marokkaner aller Schichten finden die Medina wieder attraktiv und investieren. Insgesamt kann die Entwicklung der Medina für den größten Teil der Menschen in der Stadt, für Marokkaner und Europäer, als positiv bezeichnet werden. Das nicht immer konfliktfreie Zusammenleben von Marokkanern und Europäern hat allerdings lediglich dann eine Zukunft, wenn sich beide Seiten gegenseitig in ihren kulturellen Unterschieden anerkennen und achten. Nur so wird es für Europäer möglich sein, den Zauber des Orients dauerhaft in Marrakesch zu genießen.

Marrakesch entdecken

003ma Abb.: ad

036ma Abb.: ad

Die Medina (Altstadt)

In der Altstadt findet man nicht nur die wichtigsten sehenswerten Monumente wie etwa die Kutubiya-Moschee, die Medersa Ben Youssef und die Saadier-Gräber, sondern erlebt bei einem Bummel durch die Souks, die Mellah und das Kasbah-Viertel auch orientalisches Alltagsleben. Die gesamte Medina erschließt man am besten zu Fuß, große Teile sind ohnehin für den Autoverkehr gesperrt. Die wichtigsten Orientierungsmarken, die sich als Ausgangspunkt für eine Stadttour anbieten, sind die Kutubiya-Moschee und der Djamâa el-Fna.

1 Kutubiya-Moschee ★★★ [L11]

Das monumentale Minarett der Kutubiya-Moschee, das Wahrzeichen der Stadt, überragt die Dächer der Medina und dient als Orientierungspunkt aus allen Richtungen, um zum Djamâa el-Fna zu finden.

Die Moschee wurde 1158 bis 1162 an Stelle einer ersten Moschee erbaut, die nach der Fertigstellung der Kutubiya abgerissen wurde. Die Pfeilerstümpfe auf der Nordseite neben der Moschee und einige Mauerreste unter (zerschlagenen) Glasdächern zeugen von dem alten Bau.

Das **Minarett** der Kutubiya ist das einzige fertig gestellte der Almohadenzeit (vgl. „Von den Anfängen bis zur Gegenwart"). Mit dem Hassan-Turm in Rabat und der Giralda in Sevilla – beides architektonische Vorbilder der Kutubiya – dient das Minarett bis heute als Modellbeispiel marokkanischer Architektur. Seinen Namen erhielt es von den *Kutubiyn*, den Buchhändlern, deren Buden sich früher um das Gebäude gruppierten. Das Minarett misst 12,8 m in der Seitenlänge, ist bis zur Terrasse 69 m und zusammen mit den vier, die Turmkuppel krönenden Kupferkugeln 77 m hoch. Außen verziert den Turm auf allen Seiten unterschiedliches, **herrliches Dekor** mit Blendarkaden und grünen Mosaikkacheln am oberen Abschluss.

◄ *Vorseite: Spaziergang durch den Jardin Majorelle* 17

▲ *Über 800 Jahre alt: Minarett der Kutubiya-Moschee*

Am Fuße des Minaretts befinden sich die **Reste einer Koubba** (= Grabstätte) einer als heilig verehrten Frau, genannt **Lalla Zohra Bint el Kuch**, Tochter eines schwarzen Fürsten (was im arabisch-berberischen Kastensystem sehr selten war) aus dem 17. Jh. Sie ist Vorbild für viele Frauen Marrakeschs und oft werden ihr zu Ehren Kinder geweiht.

Das 90 m lange **Gebäude der Moschee** aus Ziegelsteinen wurde in T-Form mit einem Quer- und 17 Langschiffen errichtet. Mit ihren Hufeisenbögen, Pflanzenornamentkapitellen und dem beeindruckenden Gewölbedekor ist die Kutubiya **eine der schönsten Moscheen Nordafrikas.** Fast 20.000 Gläubige finden in ihr Platz. Bis zu ihrer Renovierung in den 1990er-Jahren beherbergte die Kutubiya-Moschee noch eine wertvolle Minbar (Gebetskanzel) aus dem 12. Jh., die nun im Palais El-Badi (13) ausgestellt ist. In Marokko dürfen Moscheen und Zaouias von Ungläubigen nicht betreten werden, daher bleibt Touristen ein Blick ins Innere leider verwehrt.

Der **Kutubiya-Garten** (Parc Lalla Hasna) an der Südwestseite der Moschee wurde im 12. Jh. von Abd el Moumen errichtet, der sich dabei von andalusischen Gärten mit ihrer Blütenpracht und ihren Wasserspielen inspirieren ließ. In dieser gepflegten Parkanlage, nur wenige Fußminuten vom Djamâa el-Fna entfernt, lässt es sich herrlich zwischen Jasmin- und Pomeranzenbäumen, Rosen, Jacarandas und Palmen spazieren – mit Blick und guter Fotoperspektive auf das majestätische Minarett der Kutubiya-Moschee. Der Park beherbergt die Stadtbibliothek von Marrakesch.

› Nachts sind die Tore zur Gartenanlage abgeschlossen.

(2) Djamâa el-Fna – der Platz der Gehenkten ★★★ [N11]

Der Platz Djamâa-el-Fna, der „Platz der Gehenkten", bietet zweifellos das größte Schauspiel, ist die bedeutendste Attraktion und das historische Zentrum der Stadt. Hier wurden einstmals Verbrecher und Rebellen hingerichtet und ihre Köpfe so lange ausgestellt, bis nur noch die kahlen Schädel übrig blieben. Heute wird der Platz nachmittags von den Darbietungen der Akrobaten, Tänzer, Schlangenbeschwörer, Märchenerzähler und Musikanten beherrscht.

Durch das Gewirr von Menschen tönt das **Glockengeläut der Wasserverkäufer**, das Hauptfotomotiv für Touristen. Frauen sitzen auf niedrigen Hockern und bieten Hennatattoos für Füße und Hände an (vgl. Exkurs „Hennatattoos"). Männer aus dem Süden verkaufen Wundermittelchen vom Strauß und andere Essenzen.

Auch wenn man schnell annimmt, es würde sich bei dem Spektakel am Platz um eine Touristenshow handeln – das Gegenteil ist der Fall! Touristen sind zwar eine willkommene Einkommensquelle, aber vor allem **abends ist das Areal voller Einheimischer**, die den Märchenerzählern und Musikern lauschen, an Geschicklichkeitsspielchen teilnehmen oder

LITERATURTIPP

Stimmungsvolle Eindrücke vom Djamâa el-Fna gibt **Hubert Fichte** in seinem Werk „Der Platz der Gehenkten", Fischer Taschenbuch Verlag. Auch das Heft „Marrakesch, Djemaa el-Fna" von **Christoph Leisten** (Rimbaud Verlag) erzählt Geschichten vom Platz.

037ma Abb.: ad

EXTRAINFO

Fotografieren und Filmen am Djamâa el-Fna

Ein Foto auf dem Djamâa el-Fna ist nirgends mehr umsonst zu haben – mit den **Gebühren** und dem Trinkgeld für ihre Darbietungen verdienen die Künstler schließlich ihr tägliches Brot. Inzwischen werden zum Teil recht unverschämte Preise verlangt, man sollte jedoch nicht mehr als 10 DH (angemessen sind max. 5 DH) für ein Bild bezahlen! **Heimliche Schnappschüsse** aus dem Handgelenk können aggressive Reaktionen und unangemessen hohe Forderungen der Schausteller provozieren und sollten daher gar nicht erst versucht werden.

die Dienste der Wunderheiler in Anspruch nehmen. Für viele Analphabeten oder die Wenigen, die keinen Fernseher besitzen, ist die *Halka* (= der Gesprächs- oder Erzählkreis) das einzige Amüsement im tristen Alltag. Seit Jahrhunderten ist der Djamâa-el-Fna ein **Platz der Begegnung, des Handels und des Austauschs.** Wegen seiner Einzigartigkeit wurde er von der UNESCO 2001 in die Liste der „Meisterwerke des mündlichen und immateriellen Erbes der Menschheit" aufgenommen.

Auch kulinarisch hat der Platz einiges zu bieten. Zahlreiche **Saftstände** verkaufen frisch gepressten, köstlichen Orangensaft (4 DH pro Glas). Andere Buden bieten diverse Dattelsorten, Nüsse und getrocknete Früchte an. Und zur Dämmerung weichen die Märchenerzähler, Schlangenbeschwörer und Akrobaten: Fahrbare, nummerierte **Garbuden** – inzwischen mit Strom und Anschluss an die Kanalisation – mit großen Kesseln, Tischen und Bänken öffnen ihre Küche. Bald duftet es nach Kebab, Suppe und Zuckergebäck. Ganze gedünstete oder gebratene Hammel- und Ziegenköpfe, kleine gekochte Schnecken mit gestreiftem Schneckenhaus, gegrillter Fisch, Kefta, die

▲ *Abendliches Treiben am Djamâa el-Fna*

Henna-Tattoos

Traditionell färben sich Frauen im islamischen Kulturkreis ***Haare, Nägel, Hände und Füße mit Henna in Rötlichbraun.*** *Das aus den getrockneten, zermahlenen Blättern des Hennastrauchs (lawsonia inermis) gewonnene grüne Pulver wird zu einer Paste angerührt und mit einer kleinen Spritze in kunstvollen Verzierungen auf die Haut aufgetragen, auf der sich die typische Rotfärbung ergibt.*

Hintergrund dieser Tradition ist, neben der kosmetischen Bedeutung, der Glaube an die göttliche Kraft – „baraka" –, die Henna innewohnt. Hennabemalungen ***verleihen ihrer Trägerin also göttlichen Schutz,*** *die filigrane Verzierung von Händen und Füßen der Braut gehört zur Hochzeitszeremonie.*

An vielen touristisch frequentierten Plätzen in Marokko – so auch am Djamâa el-Fna – bieten geschäftstüchtige und manchmal sehr aufdringliche Frauen ***Henna-Tattoos für Touristinnen*** *an. Der Preis muss vorher verhandelt werden oder wird je nach Art der Verzierung festgelegt. Die Rotfärbung wäscht sich aus und ist nach etwa zwei Wochen ganz verschwunden.*

Vorsicht: *Für Touristen werden ab und zu auch* ***schwarze Henna-Tattoos*** *angeboten. Im Gegensatz zu der natürlichen Farbstoffherstellung bei dem rotfärbenden Henna werden bei dieser Variante chemische Substanzen beigemischt, die* ***stark hautirritierend und allergieauslösend*** *wirken können!*

roten Merguez-Würstchen und allerlei Salate werden angeboten. Wer sich nicht scheut, einheimische Speisen zu probieren, kommt hier voll auf seine Kosten! **Preiswert und erstaunlich hygienisch** (die Gesundheitsbehörde kontrolliert regelmäßig) kommen die Speisen hier täglich frisch auf den Tisch. Der Preis für ein Gericht sollte vorher ausgehandelt werden bzw. auf der Speisekarte angegeben sein.

Ob tagsüber oder abends: All die optischen und akustischen Eindrücke am Djamâa el-Fna auf sich wirken zu lassen, ist ein **einzigartiges und unvergessliches Erlebnis!** Das ganze Schauspiel lässt sich am angenehmsten von einer Dachterrasse der vielen Cafés rund um den Platz aus beobachten. Man muss zur Benutzung dieser Aussichtsterrassen allerdings ein Getränk konsumieren oder einen kleinen Obolus bezahlen.

Die nördliche Medina mit den Soukvierteln

3 Die Souks ★★★ [09/N9]

Die Souks von Marrakesch sind die größten des Landes, die Orientierung im Gassengewirr fällt jedoch nicht so schwer wie z. B. in Fès oder anderen orientalischen Altstädten. Die traditionell **nach Handwerkszweigen und Warenangebot gegliederten Soukviertel** beginnen an der Nordseite des Djamâa el-Fna. Ziemlich ungestört kann man morgens zwischen 8.30 und 10 Uhr oder mittags von 13 bis 14.30 Uhr durch die Souks bummeln, dann öffnen gerade die Läden bzw. manche machen Mittagspause und im Souk ist am wenigsten los, weil die Touristengruppen entweder noch nicht unterwegs sind oder bereits zu Mittag essen. Die wichtigsten

Durchgangsgassen in Richtung Musée de Marrakech ❹ und der Medersa Ben Youssef ❺ sind die Rue Mouassine, Rue Souk Semarine und die Rue Kennaria.

Linker Hand des Cafés Les Terrasses de l'Alhambra (s. S. 32) am nördlichen Djamâa el-Fna gelangt man zunächst in eine **schmale Gasse mit Olivenverkauf und Garbuden.** An den Theken mit Schafsköpfen und Tanjia-Tontöpfen kann man schön beobachten, wie *Méchoui* zubereitet wird. Das auf einen Holzpflock gespießte ganze Lamm wird durch eine Luke im Boden in den Ofen abgelassen. Fertig gegart wird es an der Stange herausgezogen, zerkleinert und direkt serviert.

Links weiter beginnt hinter einem Torbogen die gedeckte **Rue Souk Semarine** mit dem **Textilien-Souk** [N10]. Hier reihen sich kleine Läden mit Djellabahs, Babuschen, aber auch moderner Kleidung und Souvenirs aneinander. Bald weist ein Schild rechts zum Platz Rahba el-Kedima („Marché des épices") und kurz darauf zum Teppichmarkt Criée Bérbère („Souk principale des tapis").

Beim **Rahba Kedima** [O9] befand sich der **alte Sklavenmarkt,** auf dem über viele Jahrhunderte schwarze Sklaven versteigert wurden. Jetzt haben sich hier die **Gewürzhändler und Quacksalber** niedergelassen, die sich mit dem wohlklingenden französischen Namen *Herborist* (= Kräuterkundige) schmücken. In allerlei Tiegeln und Behältnissen findet man die eigenartigsten Mixturen und Grundessenzen. Aphrodisiaka und Mittel, die Frauen Fruchtbarkeit verschaffen sollen, lebende Chamäleons und Schildkröten, getrocknete Echsen, Rosenwasser, Moschusparfum, die buntesten Gewürzschalen von Safran bis Paprika und die Gewürzmischung Ras el Hanut (s. S. 17) – alles gibt es hier zu kaufen: ein **Eldorado für Liebhaber exotischer Spezialitäten und Fotografen.** Auf dem Platz bieten Frauen auch allerlei hübsche Korbwaren feil.

KLEINE PAUSE

Mitten in der Medina, direkt am Rahba Kedima, sitzt man gemütlich im **Café des Epices** (s. S. 31) mit kleinen Snacks und jungem Publikum. Von der Dachterrasse bietet sich eine hervorragende Fotoperspektive auf das Geschehen am Platz.

Auf dem **Souk el Ghezel** unmittelbar südlich des Rahba Kedima verkaufen Händler dicke Wollbündel und Frauen bieten Gebrauchtkleider an. Nördlich des Rahba el-Kedima befindet sich der **Teppichmarkt Criée Berbère** [O9], wo noch regelmäßig Teppichauktionen stattfinden.

Beim Rahba Kedima spaltet sich die stark frequentierte Hauptgasse in die Rue Souk Attarine und die Rue Souk el-Kebir v-förmig auf. Folgt man der Gasse Souk el-Kebir bzw. Souk al Henna nordwärts, führen zunächst Torbögen auf der linken Seite in die sogenannte **Kissaria** [N/O9] mit Touristenläden und Bekleidung, dann folgen Lederwarenshops, bevor der Platz vor dem Musée de Marrakech, der Koubba und der Medersa Ben Youssef erreicht ist.

Folgt man am Rahba Kedima links der Rue Souk Attarine, passiert man die **Souks der Kupferschmiede,** die u. a. Töpfe, Teekannen und Lampen fertigen. Hält man sich rechts, geht es weiter in den **Souk des Babouches** [N9] mit den traditionellen Pantoffeln in allen Größen und Farben.

In den Gassen links des Souk Attarine liegt der **Wollfärber-Souk** [N9].

Die quer über die Gassen gehängten bunten Wollbündel galten früher als Highlight für Fotografen und erfüllten das Klischeebild orientalischer Farbenpracht. Heute hat sich das Bild gewandelt: Mit dem Import gefärbter Stoffe, künstlicher Färbemittel und zunehmender industrieller Färbung hat das **Handwerk an Bedeutung verloren** und nur noch wenige Färber sind übrig geblieben. War früher schon die Herstellung der richtigen Mischung von natürlichem Farbstoff mit der dazu passenden Beize eine Kunst für sich, die über Generationen weitergegeben wurde, ist das Färben mit chemischer Farbe heute problemlos für jedermann möglich. Statt Naturfasern werden heute vor allem ganze Kleidungsstücke und fertige Stoffe gefärbt.

In einem für Touristen zugänglichen **Färberhof** [N9] kann man noch beobachten, wie die Stoffe in erwärmten Kesseln gefärbt und anschließend zum Trocknen aufgehängt werden. In den Gassen des Viertels werden schöne kräftig-bunte Stoffe in allen Größen an Touristen verkauft.

Der **Holzschnitzer-Souk (Souk Chouari)** [N9] befindet sich nur eine Gasse weiter. Dort entstehen Tische, Stühle, Hocker, Kästchen und allerlei andere Dinge aus Holz. Zwischen dem Souk Attarine und dem Place Ben Youssef (Musée Marrakech, Koubba Almoravide) befindet sich das Viertel der **Eisenschmiede (Souk Haddadine)** [N9] mit ihren lärmenden und rauchenden Werkstätten. Hier kann man Lampen und andere schmiedeeiserne Waren direkt vom Handwerker kaufen.

Folgt man – statt zum Holzschnitzer- und Wollfärber-Souk bzw. zur Moschee Mouassine links abzubiegen – der Rue Souk Attarine noch etwas nach Norden und biegt dann rechts auf die Riad Laarous ab, gelangt man zum **Ledermarkt (Souk Cherratine)** [O9]. In der Nähe der Moschee Ben Youssef sitzen die Lederhändler vor Stapeln noch ungefärbter und -geschnittener Tierhäute und verkaufen diese weiter. In kleinen Werkstätten wird daraufhin das Leder zugeschnitten und z. B. zu Pantoffeln verarbeitet.

Westlich der Wollfärber- und Holzschnitzer-Souks erreicht man den arg verfallenen, kunstvoll mit Stuck und Zedernholzschnitzereien ausgestatteten Brunnen **Fontaine el Mouassine** [N9], der größte der Stadt. Die abgesperrte Brunnenanlage umfasst drei überdachte Viehtränken und einen davon getrennten Brunnen für die Stadtbewohner. Die Fontaine el Mouassine gehört zur für das Viertel namensgebenden **Moschee El-Mouassine** [N9], die der Saadier-Sultan

EXTRATIPP

Keine Angst vor dem Verlaufen

Obwohl die Orientierung in den Souks von Marrakesch leichter fällt als beispielsweise in jenen von Fès, wird sich der Orientneuling mit einer recht hohen Wahrscheinlichkeit beim ersten Besuch im Gassengewirr verirren. Aber das macht nichts: Lassen Sie sich treiben, denn gegen ein kleines Trinkgeld findet sich immer ein Jugendlicher, der zurück „à la Place" (also zum Djamâa el-Fna) geleitet. In der Medina leistet außerdem ein kleiner Taschenkompass gute Dienste. Mithilfe der Himmelsrichtung findet man leichter zurück zum Djamâa el-Fna, zum nächsten Stadttor oder an eine Straße, wo man ein Taxi nehmen kann.

Funduqs – alte Karawanserails in Marrakesch

038ma Abb.: ad

Architekturinteressierte erkennen in Marrakesch den Aufbau einer orientalisch-islamischen Stadt wieder. Die Medina ist umgeben von einer Stadtmauer und gegliedert in ***Wohnquartiere,*** *die alle über eine* ***typische Ausstattung*** *verfügen: Souks, Brunnen, Hammam, Moschee.*

Am Rand und im Zentrum der Medina dienten Funduqs (Karawanserails) als ***Unterkunft für in der Stadt eintreffende Kaufleute und Handelskarawanen*** *sowie als Warenlager. Besonders schöne, z. T. renovierte Funduqs in ihrer typischen Architektur findet man noch in der Gasse Souk des Fassis auf der nördlichen Rückseite des Musée de Marrakech* **4** *und in der nördlichen Rue Mouassine (nahe Kreuzung Dar el Pacha), z. B. den sehenswerten Funduq Sarsar nahe dem Café Arabe (s. S. 27).*

Ein typischer, meist zweigeschossiger Funduq verfügt über einen ***offenen Innenhof,*** *der auf allen vier Seiten von Räumen umgeben ist. Im Erdgeschoss waren die Tiere untergebracht, dort gab es auch eine Tränke bzw. einen Brunnen. Im Obergeschoss mit umlaufendem Balkon reihen sich kleine Zimmer aneinander - die Aufenthalts- und Schlafräume der Kaufleute. Die Wandabschlüsse und der Balkon sind häufig mit feinen Zedernholzschnitzereien versehen. Heute sind viele Funduqs dem Verfall preisgegeben und zweckentfremdet, zumeist dienen die Räumlichkeiten als Werkstätten für Handwerker, als kleine Läden und als Lager.*

▲ *Funduq Sarsar in der Rue Mouassine [N10]*

KLEINE PAUSE

Stärkung für den Soukbesucher

An der Rue Mouassine flankieren Topfpalmen den Eingang zum **Café Arabe** (s. S. 27) in einem schönen renovierten Hofhaus. Hier gibt es exquisite italienische und marokkanische Küche im Hof oder auf der Terrasse. Für ein kleines, günstigeres Mahl oder nur einen frisch gepressten Orangensaft bietet sich das farbenfrohe **Café Bougainvillea** (s. S. 31) am nördlichen Ende der Rue Mouassine (Kreuzung Rue Sidi El Yamani) an.

Moulay Abdallah Ende des 16. Jh. errichten ließ. Zur Moschee gehörten ursprünglich neben dem Brunnen auch ein Hammam, eine Koranschule, Unterkünfte für Staatsbeamte und eine Bibliothek.

Nahe der Moschee in einer nördlich abzweigenden Gasse versteckt sich die Galerie Ministero del Gusto (s. S. 40), das Hofhaus und die extravaganten Ausstellungsstücke sind unbedingt sehenswert. Nach dem Besuch bietet sich eine kleine Pause im Café Bougainvillea an (s. S. 31). Nur ein Stück weiter entlang der Rue Mouassine zweigt gegenüber der Westseite der Moschee eine Gasse zum Kulturcafé **Dar Cherifa** ❼ ab.

Von der Mouassine-Moschee Richtung Norden und dann auf der Rue Dar El Bacha nach Westen gelangt man zum **Dar el Bacha** [M9]. In diesem hundert Jahre alten Palast, wo einst Pascha al-Glaoui residierte, entsteht derzeit ein Museum (s. S. 37). Weiter entlang der Rue Dar el Bacha erreicht man die große **Bab-Doukkala-Moschee** [K9], die von der Mutter Ahmed el-Mansours, Lalla Messaouda, im 16. Jh. angelegt wurde. Nur wenig westlich führt das Stadttor Bab Doukkala hinaus aus der Medina. Hier warten Taxis, die auf Wunsch zurück zum Djamâa el-Fna fahren.

❹ Musée de Marrakech ★★ [O9]

Schon der Hof vor dem Eingang des Museums lädt zum Verweilen ein: mit einem hübschen kleinen Café und einem Museumsladen mit Postkarten und französischsprachiger Literatur über Marokko. Das Museum ist in einem Palast aus dem 19. Jh., dem **Dar M'Nebhi**, untergebracht. Es wird von der Fondation Omar Benjelloun betrieben, die drei historische Stätten restauriert hat: die Medersa Ben Youssef ❺, die Koubba Almoravide ❻ und eben dieses Museum.

Dem Geschäftsmann und Kunstsammler Omar Benjelloun (1928–2003), der zeitweise bei Mercedes-Benz in Deutschland arbeitete, ist es zu verdanken, dass sich diese großartigen Monumente heute in einem außerordentlich guten Zustand befinden. Im Eingangsbereich sind Bilder von den Restaurierungsarbeiten im Jahr 1997 ausgestellt. Der 2000 m² große Dar M'Nebhi war Ende des 19. Jh. Residenz des Verteidungsministers Mehdi M'Nebhi unter Sultan Moulay Abdelaziz. Nach der Unabhängigkeit beherbergte das Gebäude die erste Mädchenschule Marrakeschs.

Um den **riesigen 700 m²-Innenhof mit Marmor- und Mosaikboden** gruppieren sich vier Salons und der traditionelle Hammam. Den ursprünglich offenen Hof mit drei Brunnenschalen bedeckt heute ein Zeltdach, von dem eine gigantische orientalische Metalllampe hängt. Neben dem Bahia-Palast ⓬ demonstriert dieses Gebäude sicher am anschaulichsten den

Prunk des Sultans und seiner Mitarbeiter im 19. Jh: Säulen und Böden voll feiner Mosaike, bemalte Stuckornamente, kunstvoll geschnitzte Zedernholztäfelungen und -decken.

In den seitlichen Salons informieren Tafeln in Französisch über die Ausstellungsstücke in den Vitrinen (Schmuck, Stickereien, Stoffe, Keramik, Teppiche). In der *Douiria* (= kleines Gästehaus) finden temporäre Ausstellungen mit Werken zeitgenössischer Künstler oder zu kulturellen Themen statt. Außerdem dient das Dar M'Nebhi gelegentlich als **Veranstaltungsort** für Konzerte, Theateraufführungen und Seminare.

› www.museedemarrakech.ma, Tel. 0524 360911, tgl. 9–18 Uhr, im Ramadan 9.30–16.30 Uhr.
› Wegbeschreibung: Das Museum befindet sich in der nördlichen Medina am Ende der Rue Kennaria bzw. der Hauptgassen vom Djamâa el-Fna durch die Souks. Am einfachsten ist es, vom östlichen Ende des Platzes durch die Rue des Banques oder Rue Dabbachi zu laufen, in die Rue Kennaria links abzubiegen und nach Norden bis zum Museum zu gehen.
› Eintritt: Für die Einrichtungen der Fondation Omar Benjelloun sind Kombitickets erhältlich. „Ticket 1 Monument": Erwachsene 40 DH, Kinder bis 12 Jahre 30 DH, „Ticket 3 Monuments" (Koubba Almoravide, Medersa Ben Youssef, Museum): Erw. 60 DH, Kinder 30 DH.

KLEINE PAUSE

Nach der Besichtigung des Musée de Marrakech und der Koubba lässt sich im kleinen **Museumscafé** im Vorhof herrlich ein *Thé à la menthe* samt Gebäck genießen.

5 Medersa Ben Youssef ★★★ [08]

Die einst größte und bedeutendste Koranschule des Maghreb in einem der ältesten Gebäude der Stadt ist sicher eine der wichtigsten Sehenswürdigkeiten in Marrakesch.

Die Gründung dieser religiösen Lehr- und Wohnstätte geht auf die Meriniden im 14. Jh. zurück, verdankt aber ihre heute noch erhaltene prachtvolle Gestalt dem späteren Saadier-Sultan Abdallah el-Ghalib (1557–1574). Die Medersa diente als **Lehrstätte für theologische Studien** und beherbergte vor allem Studenten aus den ländlichen Regionen, die hier zwischen ihrem 14. und 27. Lebensjahr wohnten. Der Lehrbetrieb wurde erst 1960 eingestellt und das

039ma Abb.: ad

◄ *Eingangsportal zum Musée de Marrakech mit hübschem Café im Hof*

040ma Abb.: ad

Monument von 1999 bis 2002 aufwendig renoviert.

Die Medersa befindet sich ebenso wie die gleichnamige **Moschee Ben (Ibn) Youssef** (erbaut Anfang 19. Jh. auf den Ruinen früherer Moscheen) am gepflasterten Platz Ben Youssef. Das bronzene Eingangsportal versteckt sich hinter einem Torbogen in einem engen Durchgang zwischen Moschee und Medersa auf der rechten Seite.

Den **großen Patio** (= Innenhof) der Lehranstalt betritt man durch eine **prächtige Mashrabiya-Tür** aus Zedernholz. Die Mashrabiya-Technik wurde auch an den Fenstern des Obergeschosses meisterhaft angewendet: ein Gitterwerk aus gedrechselten, auf Stifte gezogenen Zedernholzteilen, die zu geometrischen Ornamenten ineinandergesteckt werden. Den Boden des Innenhofs mit viereckigem Wasserbecken bedeckt

▲ *Meisterwerk maurischer Architektur: Medersa Ben Youssef*

LITERATURTIPP

Kostbares Eingangsportal

In der Gasse hinter dem Dar Bellarj (s. S. 39) (bzw. Ben-Youssef-Moschee, an dessen Nordseite) befindet sich das sehenswerte Eingangsportal des Quartier-Hammams „Bain d'Or" mit einem Vordach aus geschnitztem Zedernholz und grünen Ziegeln. Für Männer und Frauen gelten unterschiedliche Öffnungszeiten (s. S. 43).

Carrara-Marmor, der einst nach gleichem Gewicht gegen Zucker eingetauscht wurde.

Die strukturelle und dekorative Gestaltung ist beispielhaft für **vollendete maurische Architektur:** mehrfarbige Kachelmosaike auf den unteren Wänden, Stützpfeiler mit Stuckkapitellen, Stuckornamente und arabische Schriftbänder mit den wiederkehrenden Begriffen „Friede" und „Allah" über den Mosaiken, im oberen Teil der Wände Täfelungen aus Zedernholz bzw. die genannten Mashrabiya-Fenster. Die ganze obere Fassade sowie die Türbögen sind mit Stuckdekorationen verziert, das Dach – typisch für religiöse Bauwerke – mit grünen, glasierten Ziegeln ausgestattet.

Das Wohnheim im oberen Stockwerk (Zugang über den Vorraum) beherbergt 132 Kammern, in denen je zwei bis drei Studenten wohnten. Mehrere kleine Innenhöfe sorgen für Luft und Licht. In einigen kleinen Zimmern sind noch Gebrauchs- und Einrichtungsgegenstände der damaligen Studenten ausgestellt. Durch die Fenster kann man einen Blick nach unten in den großen Hof werfen.

› Tel. 0524 390911/12, tgl. 9–18 Uhr (außer an Feiertagen), im Ramadan 9.30-16.30 Uhr, Eintritt: 50 DH, für die Einrichtungen der Fondation Omar Benjelloun sind auch günstigere Kombitickets erhältlich (vgl. Musée de Marrakech ❹).

❻ Koubba El-Badiyin ★ [O9]

Direkt am Platz Ben Youssef gegenüber der Moschee Ben Youssef befindet sich die Koubba El-Badiyin bzw. Koubba Almoravide in einem abgesperrten Ausgrabungsareal etwas unter dem heutigen Bodenniveau. Die Koubba ist eines der wenigen **Überbleibsel aus der Dynastie der Almoraviden** (vgl. Kap. „Von den Anfängen bis zur Gegenwart"). Sie wurde etwa um 1120 errichtet und erst 1948 wiederentdeckt.

Stufen führen nach unten zur zweigeschossigen Koubba mit quadratischem Grundriss, Fensterbögen im oberen Teil und einem großen Kuppeldach. Besonders die Innenseite der **Kuppel mit dem filigranen Dekor** in Form von kunstvoll in den Stein geschlagenen Muscheln, Rosetten, Ranken und Blumen ist sehenswert. In der Mitte unter der Kuppel befindet sich ein rechteckiges Becken für Waschungen. Französische Tafeln geben Detailinformationen über die Stätte: Demnach war die Koubba das **Zentrum einer Wasch-, Brunnen- und Latrinenanlage,** von der heute nur noch Ruinen geblieben sind.

› tgl. 9–18 Uhr
› **Eintritt:** Für die Einrichtungen der Fondation Omar Benjelloun sind Kombitickets erhältlich: „Ticket 3 Monuments" (Koubba, Medersa Ben Youssef, Musée de Marrakech): Erw. 60 DH, Kinder 30 DH

► *Die mächtige Stadtmauer mit dem verschneiten Hohen Atlas in der Ferne*

❼ Dar Cherifa ★ [N9]

Hinter einem unscheinbaren Eingang ohne Türschild verbirgt sich dieses Kleinod. Der Dar Cherifa wurde im 16. Jh. errichtet und gilt als das älteste erhaltene Wohnhaus der Stadt.

Abdellatif Ait Ben Abdallah, Chef der Agentur „Marrakech Riads" und Kenner der Kunstszene in Marrakesch, setzte zahlreiche Riads in der Altstadt instand und renovierte auch dieses wunderschöne Hofhaus mit viel Feingefühl. Die Flügeltüren und Verkleidungen aus geschnitztem Zedernholz und die Stuckornamente wurden nicht mit Farbe und Beton überkleistert, sondern in ihrer ursprünglichen Schönheit belassen.

In dem Gebäude finden **Kulturveranstaltungen** (Konzerte, Lesungen etc.) u. a. in Zusammenarbeit mit dem „Dialogpunkt Deutsch" und dem Institut Français sowie **wechselnde Kunstausstellungen** (Malerei, Kalligrafie, Bildhauerei, Fotografie etc.) statt. Hier stellten etwa schon Omar Bouragba, Elisabeth Piquet, Stephane Graff, Isabelle de Borchgrave, Lori Park und Francesca Brenda aus.

Im Innenhof mit Polsterecken oder auf der Dachterrasse kann man für eine kleine Verschnaufpause Platz nehmen, die Atmosphäre und marokkanische Gerichte (Menü 120 DH), frische Säfte oder Tee mit Gebäck (15–25 DH) genießen sowie in französischsprachiger Literatur schmökern.

› 8, Derb Charfa Lakbir, Mouassine, Medina, Tel. 0524 426463, Eintritt frei
› Wegbeschreibung: Gegenüber der Moschee Mouassine [N9] in die mit „Riad les Jardins Mouassine, Dar Justo" beschilderte Gasse einbiegen, links um die Ecke, nächste Gasse rechts durch niedrigen Durchgang, an der Tür direkt dahinter auf der rechten Seite anklopfen.

Jenseits der Souks

Nördlich des Musée de Marrakech und der Medersa Ben Youssef endet das touristische Terrain. Ein Spaziergang durch die Viertel jenseits der Souks, in denen fast nur noch Einheimsche unterwegs sind, kann aber auch für Touristen interessant ausfallen.

Nur wenig nördlich der Medersa ❺ befindet sich die **Fontaine Echroub ou Chouf** [N8] aus der Saadierzeit (16. Jh.). Der einstmals prächtige Brunnen mit einem kunstvoll mit Ornamenten geschmückten Vordach aus Zedernholz ist zwar noch in Betrieb, aber leider stark renovierungsbedürftig. Biegt man nach dem Brunnen in die erste Gasse links und die

Stadtmauer und -tore

042ma Abb.: ad

*Der Almoraviden-Sultan Ali Ibn Youssuf ließ 1126 eine 9 km lange und 6 bis 8 m hohe **hohe Stadtmauer aus roter Tonerde** errichten, um Marrakesch von den Angriffen der Almohaden zu schützen. Etwa alle 30 m waren Wehrtürme postiert und auch die einst zwölf Stadttore (Bab) flankierten je zwei Türme.*

*Die Stadtmauer wurde im Lauf der Jahrhunderte immer wieder instand gesetzt, sodass bis heute große Teile erhalten geblieben sind. Insgesamt existieren noch **neun Stadttore:** Bab Aylen, Bab Debbagh, Bab Khemis, Bab Taghzout, Bab Doukkala, Bab Larissa, Bab El Makhzen, Bab er-Robb und Bab Ghemat. Das Bab El Khemis im Norden lautet nach dem nahegelegenen Souk El Khemis, dem Donnerstagsmarkt. Das Bab Debbargh im Westen ist nach dem dortigen Gerberviertel benannt. Der Durchgang durch dieses massive Tor führt fünfmal (!) um die Ecke. Das schönste Stadttor, **Bab Agnaou** [M14], wurde erst unter den Almohaden als Eingang ins eigenständige Kasbahviertel errichtet.*

zweite Seitengasse wieder links ab, steht man vor dem Eingang des 2010 eröffneten **Musée de l'Art de Vivre** (s. S. 38). Momentan ist in dem wunderschön renovierten Hofhaus mit Mosaiken und Stuck eine beachtliche Sammlung wertvoller Kaftane und Babuschen aus dem 19. und 20. Jahrhundert ausgestellt.

Entlang der Rue Bab Taghzout geht es weiter nördlich durch Wohnviertel zu den Grabstätten zweier der sieben Stadtheiligen, zur Zaouia Sidi Ben Slimane und Sidi Bel Abbès (8) (s. u.). Das heute innerhalb der Stadtmauern liegende Tor **Bab Taghzout** [M6] begrenzte einst die Altstadt, bis man die Stadtmauern erweiterte, um auch das Heiligtum von Sidi Bel Abbès mit einzuschließen.

(8) Zaouia Sidi Bel Abbès ★ [M6]

Die Zaouia Sidi Bel Abbès wurde Anfang des 17. Jh. für den 1204 verstorbenen heiligen Abou el Abbès Ahmed ben Jafar unter den Saadiern errichtet und 1998 von König Hassan II. renoviert.

Besucher sollten auf jeden Fall den **Innenhof** der Anlage besichtigen und das schmucke Eingangsportal zum Mausoleum mit Stuckornamenten und grünem Ziegeldach bewundern. Durch ein kleines Gitterfenster hat man Gelgenheit, einen Blick ins Innere der Zaouia zu werfen, die von Nichtgläubigen nicht betreten werden darf.

Im Schatten des Arkadengangs vor der Moschee und dem Mausoleum halten sich Alte, Blinde und Behinderte auf, als deren Beschützer Sidi Bel Abbès gilt. Neben dem Eingang zum Mausoleum befindet sich eine kleine Sonnenuhr und gegenüber ein sehr schöner Brunnen mit feinen Mosaiken.

Von der Zaouia Sidi Bel Abbés kann man sich zur nahe gelegenen **Zaouia Sidi Ben Slimane** [M7] führen lassen, von der von außen aber nur das grüne Kuppeldach und ein kleiner Brunnen vor dem Eingangsportal sichtbar sind.

Sidi Bel Abbès und Sidi Ben Slimane sind zwei der sieben Stadtheiligen Marrakeschs, für die jeweils ein Heiligtum in der Stadt errichtet wurde.

(9) Gerberviertel ★ [Q8]

Das Gerberviertel von Marrakesch ist nicht so groß und malerisch wie dasjenige von Fès. Dennoch erhält man einen guten **Eindruck von den harten Arbeitsbedigungen** der Handwerker, die in großen Betonbottichen Rinds-, Kamel- und Ziegenleder gerben und färben. Für eine Visite eignet sich am besten der Vormittag, wenn es am betriebsamsten ist.

Wenn man vom Stadttor Bab Debbargh (Parkplatz an der Stadtmauer) aus kommend (in Richtung Medina-Zentrum) gleich in die erste Gasse links und noch einmal links um die Ecke biegt, gelangt man in einen Gerberhof (Torbogen mit Aufschrift „Tannerie"). In für unsere Verhältnisse **unerträglichem Schmutz und Gestank** sind hier auch viele Jugendliche bei der Arbeit. Ein *gardien* (franz. Wächter) verlangt evtl. ein paar Dirham Trinkgeld für die Besichtigung und fürs Fotografieren.

Einen weiteren Gerberhof gibt es auch in der ersten Gasse rechts ab dem Bab Debbargh hinter einer Holzflügeltür. In der Rue Bab Debbargh Richtung zentrale Medina (Musée de Marrakech) befinden sich noch mehrere weitere Gerberhöfe. Geruchs- und schmutzempfindliche Naturen sollten sich allerdings gut überlegen, ob sie einen Besuch bei den Handwerkern wagen ...

Die südliche Medina mit dem Kasbah-Viertel

Die von Souvenirläden flankierten Hauptgassen vom Djamâa el-Fna in Richtung Süden zum Place Ferblantiers [O13], zum Marché couvert (s. S. 16), zur Mellah ⑯ und zum Kasbah-Viertel ⑭ sind die parallel verlaufenden **Rue Riad Zitoun el Kedim** [O12] und **Rue Riad Zitoun el Djedid** [O11]. Über letztere erreicht man am schnellsten das Dar-Si-Said- ⑩ und das Dar-Tiskiwin-Museum ⑪ sowie den Bahia-Palast ⑫. Über die **Fußgängerzone Rue Bab Agnaou** [N11] mit Restaurants und Shops und weiter über die Rue Oqba Ben Nafia gelangt man am einfachsten zum Bab Agnaou, dem schönsten Tor der Stadt und Eingang zum Kasbah-Viertel.

Die Riad Zitoun el Kedim und Riad Zitoun el Djedid münden im Süden an einen hübschen **Rosengarten** [O13] mit Sitzbänken, wo sich abends die Marrakchis zum Plaudern treffen und Pferdekutschen auf Kundschaft warten. Hier befinden sich auch der überdachte Souk der Juweliere und der Eingang zum alten Judenviertel (Mellah) ⑯ durch den Mellah-Markt.

Südlich angrenzend liegt der Place des Ferblantiers [O13], das **Quartier der Lampenmacher.** Um den rechteckigen Platz gruppieren sich Läden, in denen Handwerker Lampen aus Messing, Kupfer und Eisen fertigen. Wer ein Stück orientalisches Alltagsleben hautnah erfahren möchte, der stattet dem **Marché couvert** (s. S. 16) an der Av. Houmman El Fetouaki einen Besuch ab: In den überdachten Markthallen verkaufen Händler frisches Obst, Gemüse, Fisch, Fleisch und Geflügel an die Marrakchis.

⑩ Dar-Si-Said-Museum ★★ [P12]

Östlich der Rue Riad Zitoun El Jedid und etwas nördlich des Bahia-Palastes liegt das Dar Si Said. Dieses vielbesuchte **Volkskunstmuseum** wurde in einem Palast aus dem 19. Jh. untergebracht und beherbergt eine umfangreiche Sammlung berberischen Kunsthandwerks aus Marokko.

Im Eingangsbereich befindet sich eine **Holzausstellung** mit verschiedenen antiken Gebrauchsgegenständen und Architekturelementen (Türen, Balustraden, Fenster) aus Zedern-, Pinien-, Oliven-, Feigen- und Nusshölzern. In den Salons des Innenhofs mit Springbrunnen und großen Bäumen sind Waffen, Musikinstrumente, Werkzeuge u. a. ausgestellt.

Besonders sehenswert ist das Obergeschoss mit seinem **prunkvollen Festsaal:** Mosaike an Wänden und Böden, bemalte Stuckdekorationen und hohe Zedernholzdecken mit kunstvoller Bemalung verleihen dem Haus auf dieser Etage echten Palastcharakter. Im Untergeschoss ist das Gebäude dagegen schon stark baufällig: Risse in den Wänden, bröselnder Putz, stark in Anspruch genommene Bodenmosaike, marode Toi-

044ma Abb.: ad

► *Die Rue Bab Agnaou [N11]*

letten. Renovierungsarbeiten 2008 verbesserten die Situation etwas. In einem Zwischengeschoss können noch einige alte Küchenutensilien besichtigt werden.

› Tel. 0524 442464, Mi.-Mo. 9-16.45 Uhr, im Ramadan bis 15.30 Uhr, Fotografieren verboten, Eintritt: Erwachsene 10 DH, Kinder unter 12 Jahren 5 DH
› Wegbeschreibung: Das Museum liegt östlich der Rue Riad Zitoun Djedid, von wo es zwei beschilderte Zugänge gibt. Entweder man geht durch den südlichen Torbogen gegenüber dem Préfecture-Parkplatz vorbei am Dar Tiskiwin und biegt in die erste Gasse links ab. Oder man spaziert durch den nördlicheren Torbogen (z. B. vom Djamâa el-Fna aus) in Richtung Museum (beschildert).

045ma Abb.: ad

11 Dar-Tiskiwin-Museum ★ [P12]

Das Volkskunstmuseum zeigt mit vielfältigen Ausstellungsstücken den jahrhundertealten kulturellen und wirtschaftlichen Austausch zwischen Marokko und den Sahelländern.

Der Niederländer Bert Flint lebt seit mehr als 50 Jahren in Marrakesch und unterrichtete dort u. a. an der „Ecole des Beaux-Arts". Seine Leidenschaft für die Traditionen und Kulturen der Menschen in Marokko sowie der Sahara- und Sahelländer veranlasste ihn dazu, 1985 ein privates Museum zu eröffnen. In diesem kleinen Volkskunstmuseum präsentiert er seine **wertvolle Sammlung an Alltagsgegenständen, Textilien, Schmuck** u. a., die er auf seinen vielen Forschungsreisen erwarb. Im Jahr 2006 vermachte Bert Flint das „Maison Tiskiwin" der Universität von Marrakesch Cadi Ayyad.

Das übergreifende Thema des Museums ist der kulturelle und wirtschaftliche Austausch zwischen Marokko und den heutigen Sahelstaaten, der vor allem in Form des **Karawanenhandels** seit Jahrhunderten stattfindet. Die Ausstellungsräume gruppieren sich in zwei Etagen um den stuckverzierten Innenhof des Altstadthauses. Die Säle zeigen Kleidung, Utensilien des täglichen Lebens, Schmuck oder Arbeitsgegenstände der Regionen und Völker entlang der Karawanenrou-

KLEINE PAUSE

Zur Mittagszeit bietet sich eine Pause im netten **Ryad Jama** (s. S. 32) in der Riad Zitoun Djedid an. Ganz in der Nähe des Dar-Si-Said- und des Dar-Tiskiwin-Museums kann man hier die heißesten Stunden des Tages verbringen, bis die Museen um 15 Uhr wieder öffnen.

Von der Dachterrasse der chilligen **Kosybar** (s. S. 28) am Place des Ferblantiers bietet sich ein fantastischer Blick auf die Storchennester auf den Mauern des El-Badi-Palastes. Ventilatoren mit Wasserzerstäuber sorgen für angenehm kühle Luft bei einem Drink oder Snack.

046ma Abb.: ad

te von Marrakesch durch die Sahara nach Agadez und weiter in den Sahel bis nach Timbuktu. Auf dem **virtuellen Rundgang von Marrakesch nach Timbuktu** und zurück bewundert man u. a. Teppiche, Stoffe, landwirtschaftliche Utensilien im Oasenfeldbau, Lederwaren und Schmuck der Tuareg sowie Holzfiguren und Kleidung westafrikanischer Völker.

An der Kasse erhält der Besucher ein paar Blätter mit französischen Informationen zu den vorgestellten Regionen, Volksgruppen und Exponaten.

› tgl. 9–12.30 u. 14.30–19 Uhr, Eintritt: Erwachsene 20 DH, Kinder 10 DH
› Wegbeschreibung: Der Eingang zum Museum liegt in einer kleinen Quergasse der südlichen Rue Riad Zitoun Djedid. Vom Préfecture-Parkplatz geht es durch einen Torbogen mit zum Verkauf ausgehängten Teppichen in die Gasse (Schild).

▲ *Typische Hofhausarchitektur im Bahia-Palast*

◄ *Eingang zum Dar Tiskiwin*

⓬ Bahia-Palast ★★ [P12]

Der Bahia-Palast trägt den Namen der Lieblingsfrau des Großwesirs Ba Ahmed Ben Moussa, der den Alaouiten-Sultan Moulay Abdelaziz Ende des 19. Jh. bei den Regierungsgeschäften unterstützte bzw. diese faktisch leitete. Angeblich lebte er mit vier Frauen und 80 Konkubinen in diesem riesigen Palast. Nach seinem Tod ließ sich die französische Protektoratsverwaltung in dem Komplex nieder. Die 50 prachtvoll im maurischen Stil mit geschnitzten und bemalten Zedernholzdecken, Stuckverzierungen und Marmor ausgestatten Räume stehen heute leer. Der Gesamtkomplex bildet ein **Labyrinth aus miteinander verbundenen Zimmern, Sälen, Innenhöfen und Hofgärten.**

Bei einer Besichtigung oder Führung kann man sich ein gutes Bild über den **Prunk und die Ausstattung (inkl. Harem) orientalischer Fürstenhäuser** um die vorletzte Jahrhundertwende verschaffen. Auch die herrlichen Gärten von Petit Riad (kleines Hofhaus) und Grand Riad (großes Hofhaus) mit Zitronenbäumen, Palmen und Bambussen lohnen die Besichtigung. In den Salons des Grand Riad versprechen die Kalligrafiebänder aus Stuck über den Mosaiken dem Bewohner des Hauses „Reichtum und Gesundheit“. Die Mosaike, Schnitzereien und Säulen im Gebäudeteil „Grande cour d'honneur“ sowie im Grand Riad waren lange Zeit ziemlich angeschlagen, sind inzwischen aber zum Teil renoviert. Leider herrscht im Palast während der Hauptsaison ziemliches Touristen-Gedrängel.

› tgl. 9–16.30, im Ramadan bis 15 Uhr, Eintritt: 10 DH, Kinder 3 DH.
› Wegbeschreibung: Das unscheinbare Eingangstor in einer Mauer liegt an der südl. Riad Zitoun Djedid nördl. des Place des Ferblantiers (kleines Schild).

⑬ El-Badi-Palast ★★ [013]

Südlich des Place des Ferblantiers befinden sich die Ruinen des Palastes El Badi. Der Komplex wurde ab 1578 von dem Saadier-Sultan Ahmed el-Mansour erbaut. Sultan el-Mansour wählte dafür einen Ort auf dem Gelände eines almohadischen Gartens und importierte für den Bau kostbare Materialien aus der ganzen Welt, so auch italienischen Marmor. Doch der Prunk blieb nicht lange erhalten: Der Alaouiten-Sultan Moulay Ismaïl ließ um 1700 große Teile des Palastes abtragen, um eine neue *Ville impériale* (Königsstadt) in Meknès zu errichten. Verbliebenes Dekor wie Mosaike und Stuck an Wänden und Böden vernichtete er. Heute lässt sich nur noch erahnen, dass der El-Badi-Palast **einst eine der prächtigsten und größten Palastanlagen des Maghreb** war.

Die Palasträumlichkeiten waren um einen **großen, rechteckigen Hof** von 135 x 110 m mit einem großen Wasserbecken und Blumenrabatten angeordnet, der noch heute die einstigen Dimensionen des Palastes verdeutlicht. Mehr als die Ruinen der Palastanlage begeistern die Touristen heute meist die **unzähligen Störche,** die überall auf den Mauern nisten und sich von einem Turm des Palastes oder der Terrasse eines Cafés am Place des Ferblantiers sehr schön beobachten und fotografieren lassen.

Unter dem Hof des Palastes liegen **ausgedehnte Gefängnisse,** von denen oben nur die Lichtluken erkennbar sind. In den finsteren, staubigen Gewölben kann man sehen, wo die Gefangenen angekettet waren – es darf allerdings bezweifelt werden, ob sämtliche unterirdischen Räume als Gefängnis dienten oder ob ein Teil als Versorgungsräume genutzt wurde. Die Freiflächen des El-Badi-Palastes sind jährlicher Hauptschauplatz des großen Folklorefestivals „Festival National des Arts Populaires“ (vgl. „Zur richtigen Zeit am richtigen Ort“).

Folgt man dem Schild „Minbar de la Kutubiya“, erreicht man im südlichen Bereich des Ruinengeländes einen Raum, in dem das renovierte **Minbar (Gebetskanzel) der Kutubiya-Moschee** und eine Ausstellung zur Renovierung der Kanzel besichtigt werden können. Das Minbar aus der Almoravidenzeit gilt als die feinste erhaltene Holzarbeit aus dem islamischen Spanien (Al-Andalus) des Mittelalters. Es wurde 1137 in Córdoba im Auftrag des Almoraviden-Sultans Ali Ibn Youssuf entworfen. Die über 100 Bauteile aus Zedern-, Eben- und Sandelholz wurden anschließend 800 km nach Marrakesch transportiert und dort zusammengesetzt.

In den 1990er-Jahren befand sich das Meisterwerk der Almoraviden in einem sehr schlechten Zustand, bis sich die Kunstsammlerin Patti Birch

047ma Abb.: ad

in Zusammenarbeit mit Spezialisten des Metropolitan Museum of Art New York und lokalen Künstlern der **aufwendigen Restaurierung** der Kanzel annahm. Seit seiner Wiederherstellung ist das Minbar etwas stiefmütterlich im Palais El Badi ausgestellt – ursprünglich sollte es im Mittelpunkt eines neuen Museums für islamische Kunst stehen.

Das Minbar mit acht Stufen, auf denen normalerweise der Vorbeter (Imam) beim Freitagsgebet steht, ist fast 4 m hoch, 1 m breit und 3,50 m tief. **Kunstvolle Schnitz- und Einlegearbeiten** mit geometrischen und floralen Mustern bedecken die Seitenwände, arabische Kalligrafiebänder mit religiösen und historischen Inskriptionen umgeben jede Flanke.

› tgl. 9–16.45 Uhr, im Ramadan bis 15 Uhr (wird momentan renoviert, ist aber geöffnet), Eintritt: 10 DH, Minbar 20 DH extra

▲ *Die renovierte Kasbah-Moschee*

⓮ Kasbah-Viertel ★★ [N14]

Das schönste Tor der Stadt, Bab Agnaou, führt in das von Mauern umgebene Kasbah-Viertel am Südrand der Medina. Bei einem Spaziergang durch die Gassen kann man nicht nur marokkanisches Alltagsleben beobachten, sondern auch eine der wichtigsten und schönsten Sehenswürdigkeiten entdecken: die Saadier-Gräber.

Das **Bab Agnaou** blieb als einziges von acht Einlasstoren ins almohadische Kasbahviertel bis heute erhalten. Das reich ornamentierte Steintor mit übereinanderliegenden Hufeisenbögen war einst von zwei Wachtürmen flankiert. Heute wird es deshalb auch „Widder ohne Hörner" genannt.

Während die Medina Wohnraum für die marokkanischen Muslime bot und die Mellah für die Juden eingerichtet wurde, beherbergte die Kasbah schon vor der Errichtung der Mellah **jegliche Infrastruktur für den Hofstaat des Sultans.** Der Almohaden-Sultan Yakoub al-Mansour ließ diese durch Mauern geschützte *cité imperiale* Ende des 12. Jh. errichten.

Neben der Palastanlage des Sultans waren hier Verwaltungsgebäude, der Zoll, ein Krankenhaus, eine Moschee und mehrere Hammams, die königlichen Stallungen, ausgedehnte Gärten, ein großer Markt (Kissaria) sowie ein christliches Gefängnis, eine Kirche und Friedhöfe untergebracht. Der Saadier-Sultan Ahmed el-Mansour baute die Kasbah später aus.

Eine breite Gasse führt vom Bab Agnaou direkt auf die 2006 umfassend renovierte, 70 x 77 m große **Kasbah-Moschee** [N14] im Zentrum des Viertels zu. Auch sie stammt aus der Almohaden-Dynastie unter Yakoub el Mansour (12. Jh.). Ihr Minarett aus Bruch- und Ziegelstein mit seinem schönen Rautendekor galt die folgenden Jahrhunderte als beispielhaft für weitere Moscheebauten. Der Platz vor der Moschee erhielt 2011 ein komplett neues Aussehen mit einem modernem Kunstwerk in der Mitte. Nördlich der Moschee wurde durch den Abriss etlicher Gebäude und einen Mauerdurchbruch ein neuer Zugang zum Kasbah-Viertel geschaffen. Gleich südlich der Moschee führt eine Gasse zu einer der bedeutendsten Sehenswürdigkeiten der Stadt, den Saadier-Gräbern ⑮.

Etwas abseits des Touristenrummels um die Kasbah-Moschee und die Saadier-Gräber kann man bei einem Bummel durch die Hintergassen noch ein Stück **ursprüngliches Quartiersleben** beobachten. Hier gibt es im Vergleich zur nördlichen Medina noch kaum Maison d'Hôtes. Die Kinder spielen in den Gassen, Frauen gehen zum Einkaufen, Männer sitzen in kleinen Kramerläden.

Östlich schließen die hohen Mauern des alten **Königspalastes Dar el Makhzen** [P14] an. Der Königspalast wurde um 1747 vom Alaouiten-Sultan Mohamed Ben Abdallah erbaut, später erweitert und von König Hassan II. umfassend renoviert. Von außen ist lediglich die hohe Mauer mit Eingangstoren sichtbar, die Palastanlage kann nicht besichtigt werden. Während des Besuchs des Königs sind die Portale stark bewacht und es darf nicht fotografiert werden. Dann sind auch die beiden *Méchouars* (Plätze für Staatsfeierlichkeiten südlich des Palastes) für die Öffentlichkeit gesperrt. Gegenüber dem Bab Agnaou an der Rue Oqba Ben Nafi ließ der König vor einigen Jahren außerdem einen **neuen Königspalast** *(Nouveau Palais Royal)* errichten, der ebenfalls nicht fotografiert werden darf und von dem nur die hohen Mauern entlang der Straße erkennbar sind.

⑮ Saadier-Gräber ★★★ [N14]

Südlich angrenzend an die Kasbah-Moschee versteckt sich in einer engen Gasse der Eingang der Saadier-Gräber. Das Mausoleum von Angehörigen der Saadier-Dynastie ist eines der schönsten historischen Monumente des Maghreb und wurde Ende des 16. Jh. angelegt.

Der Alaouiten-Sultan Moulay Ismaïl ließ später nicht nicht nur den El-Badi-Palast zerstören, sondern auch dieses Kunstwerk seiner Vorgänger-Dynastie zumauern, sodass es erst 1917 von den Franzosen wiederentdeckt wurde. Die Gräber sind in zwei verschiedenen Bauten untergebracht, auch im Innenhof mit schönen Königs- und Dattelpalmen befinden sich Grabsteine.

Das südliche Gebäude gleich links des Eingangs besteht aus **drei miteinander verbundenen Sälen.** Im **Saal des Mihrab** wird das zentrale, reich verzierte Kreuzgratgewölbe von vier Carrara-Marmorsäulen getragen. Der

Saal der drei Nischen besteht – wie der Name sagt – aus drei mit Stuck und Mosaiken verzierten Nischen mit Gräbern von Nachkommen der Saadier-Herrscher.

Absoluter Höhepunkt der Besichtigung ist aber der **Saal der zwölf Säulen:** In diesem quadratischen Raum tragen vier Gruppen von jeweils drei weißen Säulen aus Carrara-Marmor mit bemerkenswerten Kapitellen die reich mit Stalaktitenschmuck verzierte Kuppel des Saals. Die Wände bedecken bis auf zwei Meter Höhe kleinteilige, ungemein kunstvoll gefertigte Kachelmosaike in Ornamenten und Arabesken. Den Abschluss der Mosaike bilden Kalligrafiebänder, darüber spannt sich eine Zedernholzdecke. Der Raum beherbergt den Sakrophag des Saadier-Sultans Moulay Ahmed al-Mansour (mittleres Grab).

Das **nördliche Gebäude mit zwei Sälen** auf der anderen Seite des Hofs ist weniger prunkvoll ausgestattet, aber dennoch sehr sehenswert. Dort und im Hof wurden weitere Angehörige der Saadier-Dynastie wie etwa Kinder, Frauen und Soldaten bestattet.

Die Saadier-Gräber sind eine der wichtigsten touristischen Sehenswürdigkeiten der Stadt, deshalb drangelt sich in der Hauptsaison vor allem vormittags eine Unmenge an Besuchern durch die Anlage. Dann zieht sich durch den ganzen Innenhof eine Schlange zum schmalen Eingang des Saals der zwölf Säulen. Man sollte den Gräbern deshalb möglichst gleich nach der Öffnung oder kurz vor der Schließung einen Besuch abstatten, um den Massen auszuweichen.

› tgl. 9–16.45 Uhr, im Ramadan bis 15 Uhr, Eintritt: 10 DH

EXTRATIPP

Kaufen ohne Feilschen

Kauflustige sollten unbedingt den riesigen Laden **Ets. Bouchaib** (s. S. 23) an der Rue de la Kasbah etwas weiter südlich durchstöbern. Hier gibt es alles, was an Kunsthandwerk in Marokko produziert wird, zu fairen Festpreisen und in großer Auswahl.

048ma Abb.: ad

▲ *Eine der schönsten Sehenswürdigkeiten Marrakeschs: Saadier-Gräber*

⑯ Mellah – das Judenviertel ★★ [P13]

Typisch für das Modell der islamischen Stadt ist die Abgrenzung der islamischen Wohn- und Geschäftsviertel vor nicht-islamischen Einflüssen. In Marokko fand dies Ausdruck in der Abtrennung der größten religiösen Minderheit, der Juden, in einem komplett ummauerten Judenviertel, der sogenannten Mellah. Fès war die erste Stadt, in der Anfang des 15. Jh. eine Mellah entstand, darauf folgte die Errichtung des Judenviertels von Marrakesch Mitte des 16. Jh., weitere Städte folgten dem Beispiel.

Die Mellah von Marrakesch wurde an der Stelle errichtet, wo sich einst die königlichen Stallungen befanden, die gesamte jüdische Gemeinschaft musste umsiedeln. Nur ein abschließbares Tor zur Kasbah erlaubte Einlass in die Mellah, wo die jüdische Bevölkerung die kommenden Jahrhunderte weniger eingesperrt als (in der unmittelbaren Nähe des Sultanspalastes mit seiner Garde) **geschützt vor Angriffen von außen und nichtjüdischen Einflüssen** lebte. Im Gegensatz zu den verwinkelten Gassen in der Medina wurden die Gassen in der Mellah gitterförmig angelegt. Das Viertel wurde mit der notwendigen Ausstattung versehen: Bäckereien, Funduqs, Märkte, öffentliche Bäder, Synagogen und ein jüdischer Friedhof. Dort, wo vorher ein Teil der jüdischen Gemeinschaft in der Medina gewohnt hatte, entstand zur gleichen Zeit (um 1560) die Mouassine-Moschee [N9].

Trotz ihrer Segregation in der Mellah waren die Juden **in Politik und Wirtschaft des städtischen Lebens voll integriert.** Juden und Muslime standen stets in enger Interaktion und die Mellah war nie ausschließlich den Juden vorbehalten: Ausländische Besucher weilten dort, iberische Katholiken und später protestantische Missionare siedelten sich an. Muslime besuchten regelmäßig das Viertel, um einzukaufen, Kontakte zu Europäern zu knüpfen und Aktivitäten nachzugehen, die in der Medina moralisch unvertretbar gewesen wären: zum Trinken, Rauchen und Spielen – und um (unverschleierten) Frauen nachzustellen.

Bereits im 16..Jh. (während des Wirtschaftsbooms unter den Saaditen) etablierten sich die Juden Marrakeschs als **fleißige Händler** und hielten z.B. das Handelsmonopol für Zucker, der v.a. nach England exportiert wurde. Außerdem bewiesen sie sich als **geschickte Handwerker**, insbesondere in der Silber- und Goldbearbeitung sowie als Schneider. Außerdem waren die Juden Marrakeschs stark in Finanzgeschäften involviert.

Zur Kolonialzeit dienten die Juden mit ihren Sprachkenntnissen und ihrer guten Ausbildung als **Mittler zwischen den Europäern und den Muslimen.** Anitkoloniale Sentiments der Marokkaner entluden sich zu Anfang des 20. Jh. häufig in den Mellahs. In den Dekaden ab 1912 (Beginn des französischen Protektorats) verließen immer mehr Juden die Stadt und zogen in die wirtschaftlichen Metropolen an der Küste, nach Frankreich, Palästina und in andere Länder. Der Sechstagekrieg 1967 und Jom-Kippur-Krieg 1973 veranlassten schließlich auch die Mehrheit der noch im Land verbliebenen Juden, Marokko in Richtung Israel zu verlassen. Heute umfasst die jüdische Gemeinde in Marrakesch nur noch etwa 260 Mitglieder und das tägliche Leben in der Mellah wird von den marokkanischen Muslimen dominiert.

Der **Eingang zum alten Judenviertel** führt durch den gedeckten **Mellah-Markt Bab es Salam** [P13] an der Ostseite des Rosengartens (Südende der Av. Hommam El Fetouaki). Hier türmen sich farbenfrohe Gewürzberge, kleine Läden verkaufen Dinge des täglichen Bedarfs. Vom Markt am nordwestlichen Ende der Mellah gelangt man in deren Gassen, wo sich das Leben zunächst kaum von dem in anderen Teilen der Medina unterscheidet: Händler bieten frisches Gemüse feil, Metzger warten vor ihrer Auslage auf Kunden und an Garbuden duftet es nach frisch Gebratenem.

In der Mellah wurde noch nicht so viel in Hausrenovierungen investiert und so bröckelt an vielen Fassaden der Putz – alles wirkt ein bisschen morbider, ärmer und schmutziger als rund um den Djamâa el-Fna ❷. Dafür erleben Besucher in den geschäftigen Gassen der Mellah ein Stück **ursprüngliches Stadtleben** mit weniger Touristen, weniger Gästehäusern, Restaurants und Souvenirläden. In den Seitengassen findet man dann auch noch **architektonische Hinweise auf die jüdische Vergangenheit:** Die mehrgeschossigen Häuser tragen Erker aus Holz, große Fenster mit Läden und spanische Eisenbalkone weisen zur Straße, wogegen sich die Häuser der muslimischen Viertel nur nach innen öffnen und kaum Fenster nach außen aufweisen.

Im Zentrum der Mellah nahe dem Place Souweka versteckt sich die 500 Jahre alte, von außen nicht als solche erkennbare **Synagoge** [P13]. Ein liebenswerter Blinder namens David Paris führt Interessierte durch das Gebäude, gibt französische Erklärungen und erwartet zum Schluss ein Trinkgeld (ca. 40 DH). Vom großen, blau-weißen Innenhof mit hebräischen Schriftbannern an den Balkonen betritt man rechts den schönen Gebetssaal. Die Sitzreihen im Inneren sind für die gläubigen Männer bestimmt, während die Frauen auf dem Balkon Platz nehmen müssen. An der Ostwand des Saals (links) befindet sich die *Almemor* (eine Art erhöhtes Pult zur Verlesung der Thora) und die Heilige Lade mit den Thorarollen. Freitagabends und samstags ist die Synagoge für Touristen geschlossen.

Spaziert man von der Synagoge Richtung Osten, so erreicht man die interessanteste Sehenswürdigkeit der Mellah: den von einer weißen Mauer umfassten **Jüdischen Friedhof** [Q/R13]. Ein Wärter öffnet Besuchern das Metalltor (für ca. 40 DH Trinkgeld). Viele der Hunderte weißen und in Reihen eng aneinanderliegenden Gräber tragen hebräische Widmungen, neuere Grabsteine informieren auch über den Namen und das Todesdatum des Verstorbenen. Kleine Steine liegen als Ehrerbietung an den Toten auf den Grabplatten. Mehrere große Gruften dienen als Ruhestätten von Rabbinern. Auf diesem mit Gräsern zuwuchernden Platz herrscht eine **eindrucksvolle surreale Atmosphäre.**

Die Fassade einer weiteren ehemaligen **Synagoge** kann man am östlichen Ende der Rue Arset el Maâch [O13] bewundern: Am Balkon des gelben Eckgebäudes prangt noch immer der sechszackige Davidstern. Im Erdgeschoss ist heute eine Herboristerie untergebracht.

049ma Abb.: ad

▲ *Der Jüdische Friedhof mit seinen massiven, hebräisch beschrifteten Grabsteinen lohnt einen Besuch*

Die Neustadt: Guéliz und Hivernage

Marrakesch ist seit der Kolonialzeit zweigeteilt in Neustadt und Altstadt (Medina). Das heutige Neustadtviertel Guéliz am Fuße des Hügels Djabal Guéliz entstand im Westen der Medina als modernes Wohnviertel für die Franzosen außerhalb der Stadtmauern, während die Medina mit ihrer alten Bausubstanz zunächst den Marokkanern vorenthalten blieb. Erst nach dem Abzug der Franzosen aus Marokko zogen mehr und mehr Marokkaner aus der Alstadt in die modernen Häuser der Neustadt.

Heute erstickt Guéliz im Verkehr und für Fußgänger wird es zunehmend unangenehm, sich im Verkehrslärm und Smog an der Hauptstraße, der Av. Mohammed V. [E7/F8], zu bewegen. Guéliz ist **besonders zum Einkaufen, Essen und Ausgehen geeignet**, ansonsten aber ohne besondere Sehenswürdigkeiten. In den mehrstöckigen rosa Betonbauten entlang der Av. Mohammed V. und in den Seitenstraßen sind Shops mit Kleidung und Souvenirs, Restaurants, Cafés und Bars, Lebensmittelläden, Banken, Immobilienbüros, Reiseagenturen und Autovermieter untergebracht.

Am großen **Place du 16. Novembre** [G8] entstand in den letzten Jahren die repräsentative **Marrakech Plaza,** ein moderner Gebäudekomplex mit Läden und Appartements vor einem hübschen Platz mit Springbrunnen und Palmen. In der verglasten Ladenpassage haben sich moderne **Boutiquen** (darunter Mango und Zara) und das sehr angenehme Café 16 (s. S. 33) eingemietet. Dahinter, an der Ecke der Rue des Nations Unies und Rue Ibn Toumert, wurde der neue **Marché central** mit Lebensmitteln und Schnittblumen errichtet. Am **Place Abdelmoumen** [D7], an der Kreuzung zum Bd. Zerktouni, laden viele Cafés mit schattiger Terrasse auf dem Gehsteig zu einer Ver-

050ma Abb.: ad

schnaufpause ein. Das am Platz gelegene Office du Tourisme (s. S. 95) gibt Informationen für Besucher.

Entlang der Av. Mohammed Abdelkrim El Khattabi gelangt man in Richtung Süden zur Kreuzung der Av. Mohammed VI. mit der Av. Hassan II. Hier thront der Stolz der Marrakchis, das 2001 nach drei Jahren Bauzeit fertig gestellte **Théâtre Royal** (s. S. 40) des tunesischen Star-Architekten Charles Boccara. Der gelbe Bau mit großer Kuppel, Säulen und Backsteinen weckt von außen Assoziationen zu Moscheen und Tempeln in Ägypten. Das Gebäude ist u. a. Veranstaltungsort beim Filmfestival (*Festival international du Film de Marrakech,* vgl. „Zur richtigen Zeit am richtigen Ort") sowie für Theater- und Musikvorführungen.

Ein Blick ins kühle Innere lohnt sich: Die Kuppel wird von mächtigen Säulen getragen, das rote Ziegelmauerwerk bezieht traditionelle Stilelemente wie Hufeisenbögen mit ein. Intention des Architekten war es, Elemente der traditionellen Baukunst der Almohaden und Almoraviden mit der Moderne zu verbinden. Das große Freilufttheater bietet 1200 Personen Platz, der Theatersaal innen noch einmal 900 Personen. Wegen Finanzierungsproblemen wird daran z. T. immer noch gebaut. Der Wärter führt gerne herum, erwartet aber ein Trinkgeld.

◀ *Marrakech Plaza: modernes Vorzeigeensemble in Guéliz*

KLEINE PAUSE

Snackpause im Reichenviertel

Gemütlich unter Sonnenschirmen mitten in der grünen Hivernage sitzt man im **Café Extrablatt** (s. S. 33). Dort genießen nicht nur Touristen eine Tasse Kaffee oder einen Mittagssnack, sondern auch junge, kosmopolite Marokkaner und in Marrakesch lebende Ausländer.

Beim Théâtre Royale beginnt der südliche Abschnitt der **Av. Mohamed VI.** [D10/E11]. Entlang dieser vierspurigen, palmenflankierten Prachtmeile sind große Luxushotels, Cafés und Restaurants sowie der Kongresspalast (*Palais des Congrès,* Platz für 2800 Pers.) angesiedelt. In der Mitte der kilometerlangen Straße befindet sich ein Fußgängerbereich mit Springbrunnen, Oleander- und Rosenrabatten – und bei Besuch des Königs weht hier alle paar Meter die marokkanische Flagge.

Die sogenannte **Hivernage** zwischen Av. Moulay el Hassan [F/G10] und Av. de la Ménara [H13] schließt westlich an die Medina und südlich an Guéliz an. In diesem blitzsauberen Quartier reihen sich edle Appartementanlagen und Luxushotels aneinander. Die Hivernage ist neben der Palmeraie 20 **das teuerste Wohnviertel der Stadt.** Hier pflegt Marrakesch sein Image als Gartenstadt mit Olivenbaum- und Palmenalleen sowie gepflegten Hecken entlang der Gehsteige. Am Ende der mit Blumenrabatten begrünten Rue Echouada [H10/11] thronen die 5-Sterne-Residenzen Sofitel und Essaadi mit Spa und Casino vor einem pompösen Kreisverkehr mit Zypressen und Springbrunnen. Hier wohnen die Reichen und Schönen während ihres Trips in den Orient.

17 Jardin Majorelle ★★★ [I5]

Der französische Künstler Jacques Majorelle (1886–1962) vereinte die auf seinen Reisen durch alle Kontinente gesammelten exotischen Pflanzen in diesem wunderschönen Garten, den er 1947 für die Öffentlichkeit zugänglich machte.

1980 erwarben der in Oran geborene Modeschöpfer Yves Saint Laurent und dessen Lebensgefährte Pierre Bergé die Gärten. Vor der umfassenden Renovierung im Jahr 2000 war dieser **beinahe mystisch schöne Platz** kaum bekannt. Heute drängelt sich schon am späten Vormittag eine Unmenge an Touristen auf den schmalen Wegen – ein früher Besuch ist deshalb ratsam.

Die **Blütenpracht**, das üppige Grün und das Ausmaß der Pflanzen in diesem verwunschenen Garten sind beeindruckend: Lotus, Papyrus, Bougainvillea, Bambus, riesige Kakteen, dazwischen leuchtend blau gestrichene Gemäuer und Bassins mit Wasserschildkröten. Eine kleine Broschüre (erhältlich im Shop) informiert über die hier zu beobachtenden Vögel. Im ehemaligen Atelier von Majorelle ist heute das Musée d'Art islamique untergebracht (s. S. 38).

› www.jardinmajorelle.com, Tel. 0524 301852, Hunde nicht erlaubt, Okt.–Apr. 8–17.30, Mai–Sept. 8–18, im Ramadan 9–17 Uhr, Eintritt 40 DH
› Wegbeschreibung: Der Garten liegt nördlich des Bab Doukkala in Guéliz und ist am besten per Taxi oder Pferdekutsche zu erreichen.

051ma Abb.: ad

▶ *Im Jardin Majorelle gedeihen riesige Kakteen*

Gärten außerhalb des Stadtzentrums

18 Menara-Gärten ★★ [A15]

Jenseits des Mopedlärms und Verkehrschaos der City versprechen die Menara-Gärten am westlichen Stadtrand Entspannung und Ruhe.

Die Gärten bieten sich als letzte Station eines anstrengenden Besichtigungstages an, von dort kann man dann gelassen mit dem Taxi zum Hotel zurückkehren. Ursprünglich im 12. Jh. unter den Almohaden errichtet, wurden die *Jardins de la Ménara* im 19. Jh. unter Sultan Mohammed ibn Abd el-Rahman als Obst- und Olivenplantagen neu angelegt.

Vom Eingangstor am Ende der Av. de la Ménara führt eine breite Promenade durch die von Bewässerungskanälen durchzogenen Olivenhaine in Richtung **Wasserbassin.** Im Gegensatz zu den menschenleeren Agdal-Gärten 19 sind hier marokkanische Schulklassen unterwegs, treffen sich junge Leute zum Flanieren und Plaudern, picknicken marokkanische Familien im Schatten der knorrigen Olivenbäume und nutzen Studenten den Park zum Lernen – in den Wohnungen ist es meist zu eng. Touristengruppen lassen sich auf Kamelen mit bunten Sätteln ablichten. Mehrere Kioske verkaufen Getränke, Zeitschriften, Fotomaterial, Postkarten und kleine Souvenirs.

Am linken Ende des zentralen Bewässerungsbeckens von 150 x 200 m thront ein **Pavillon** vom Ende des 19. Jh. mit einem Pyramidendach aus grün glasierten Ziegeln. Das von Palmen und Oliven umrahmte Wasserbecken mit dem malerischen Pavillon ist eines der beliebtesten Prospekt- und Fotomotive – vor allem vor der Kulisse der schneebedeckten Gipfel des Hohen Atlas an klaren Tagen im Winter. Der Eingang zum Pavillon liegt auf dessen Rückseite, vom oberen Stockwerk bietet sich ein lohnenswerter Ausblick über die Gärten und die Stadt bis zum Djebel Guéliz. Die Innenräume sind leer, einzig bemerkenswert sind die bemalte Holzdecke im Erd und das Kuppeldach im Obergeschoss.

› tgl. 8–18 Uhr, Eintritt in die Gärten frei, für den Pavillon 10 DH
› Wegbeschreibung: Die Menara-Gärten sind entweder mit dem Petit Taxi (ca. 30 DH ab Djamâa-el-Fna), der Calèche oder dem Bus Nr. 11 ab Place de Foucault [M11] erreichbar. Zu Fuß läuft man von der Kutubiya-Moschee ca. 30 Min. entlang der Av. de la Ménara vorbei an den großen Hotels der Hivernage.

EXTRATIPP

Für Ruhesuchende

Es lohnt sich, bis zu einem hinteren – und damit ruhigeren – Ende der Menara-Gärten zu spazieren. Dort kann man mit einer Decke und einem Buch unter einem Olivenbaum gemütlich relaxen.

⑲ Agdal-Gärten ★ [M15]

Die Gartenanlagen wurden bereits im Jahr 1157 unter den Almohaden gegründet, sie sind damit **eine der ältesten der arabisch-islamischen Welt** – älter als die Gärten der Alhambra. Angeblich gab Abd el Moumen den Auftrag, einen *Jardin imperial* in der Nähe der Sultanspaläste zu errichten. Während die Olivenernte den Almohaden großen Ertrag einbrachte, lagen die Gartenanlagen unter den Meriniden und Ouattasiden brach. Erst im 16. Jh. (unter dem Saaditen Moulay al-Mansour) wurden die Gärten regeneriert und das Bewässerungssystem wieder in Betrieb genommen.

Der Almohadensultan Abd el Moumen gilt als Erschaffer der ersten großen Bewässerungssysteme und Gärten in Marrakesch. Im 12. Jh. ließ er unterirdische Kanäle von 2 m Durchmesser (sogenannte *Khettaras*) mit vertikalen Belüftungsschächten anlegen, die die Palmen- und Olivengärten in der ganzen Haouz-Ebene bewässerten. Die Kanäle erstreckten sich z. T. über mehrere Dutzend Kilometer. Überreste dieses saharischen Bewässerungssystems sind heute noch an einigen Orten in Marokko sichtbar (z. B. im Tafilalet). Auch die Agdal-Gärten wurden mithilfe von *Khettaras* und mehreren Reservoirs mit Wasser versorgt.

Die heute ummauerten und umzäunten Agdal-Gärten umfassen eine Fläche von 515 Hektar und werden über einen Kanal vom Stausee Lalla Takerkoust am Rande des Hohen Atlas bewässert. Etwa 30.000 Oliven-, 24.000 Orangen- und Mandarinen-, 7000 Granatäpfel- und 720 Feigenbäume bringen jährlich eine reiche Ernte. Vor allem die **weiten Olivenhaine** prägen das Bild dieser landwirtschaftlichen Nutzfläche, die ein Netz an breiten, z.T. geteerten Wegen durchzieht. Die Gartenanlagen selbst sind nur bedingt sehenswert – z.B. wenn man ein bisschen ländliche Ruhe genießen und allein zwischen den Baumreihen mit schmalen Bewässerungsrinnen aus Erde schlendern möchte. Gelegentlich picknickt eine marokkanische Familie im Schatten eines Olivenbaums.

Der Hauptzugang zu den Gärten befindet sich beim großen **Wasserbassin El Hana.** Ein Wärter öffnet das Zugangstor beim Gebäude einer alten Ölmühle (Trinkgeld wird erwartet). Im braunen Wasser des 37.200 m² großen, betonierten Bassins schwimmen dicke Karpfen, am Horizont zeichnet sich der Hohe Atlas ab. Hier ist es herrlich ruhig und rundum wachsen Feigen, Zitrusbäume und Palmen. Leider lädt sonst nichts zum Verweilen ein, da es mangels Touristen weder Bänke noch Schatten oder Getränke gibt. Der **Sommerpavillon Dar el Hana** an der Südseite des Bassins, der früher als Vergnügungsort der Sultane diente, wird momentan renoviert und zeigt sich betongrau.

› Zugang zum Bassin nur Fr. und So. geöffnet, Eintritt frei
› Wegbeschreibung: Zugang über den Méchouar südlich des Königspalastes (bei Besuch des Königs gesperrt) oder vom Stadttor Bab Ighli entlang der Stadtmauer Richtung Süden, dann links in Rue d'Agdal bis zum Eingangstor auf der rechten Seite (unbeschildert). Von allen anderen Seiten sind die Gärten verschlossen und die Eingänge nur schwer auffindbar. Der weite Weg entlang der Straße bis zum Bassin bietet keinerlei Schatten, daher lässt man sich besser mit dem Taxi oder der Pferdekutsche am Eingangstor absetzen. Bus Nr. 6 ab Place de Foucault.

20 Palmeraie ★ [J1]

Bei der Palmeraie handelt es sich um den **einzigen Palmenhain nördlich des Hohen Atlas,** der angeblich durch Zufall entstand, als Youssouf Ben Tachfin im 11. Jh. mit seinen Truppen hier lagerte und diese Dattelkerne hinterließen. Heute dienen die Palmen als exotische Kulisse für die dortigen Villen und Hotels. Bis 2012 plant man die Anpflanzung von 300.000 neuen Palmen.

Der 12.000 ha große Dattelpalmenhain im Norden der Stadt ist weniger ein Oasengarten als vielmehr ein Areal für große Hotelprojekte, riesige Privatanwesen der Schönen und Reichen, ein internationales Konferenzzentrum und für den Golfplatz Golf de la Palmeraie mit 27 Löchern. Die Palmeraie ist neben der Hivernage das teuerste Wohnviertel der Stadt und wie an den südlichen Ausfallstraßen schießen auch hier immer mehr luxuriöse Appartementanlagen und Hotels aus dem Boden. Seit 2011 befindet sich hier das Privatmuseum Musée de la Palmeraie (s. S. 38).

Eine 22 km lange Rundfahrt, der **Circuit de la palmeraie,** führt durch den Palmenhain mit abgegrenzten und z.T. ummauerten Grundstücken, einzelnen Oliven- und Zitrusgärten und Reitkamelen für Touristen. Bei der Runde „Tour Oasis" im offenen Doppeldecker von ALSA (s. S. 100) kann man sich einen guten Eindruck vom Ausmaß der Palmengärten verschaffen. In der Palmeraie ist es schön ruhig und die Luft ist besser als im Zentrum, ein Autoausflug dorthin lohnt sich jedoch nur für speziell Interessierte.

› Anfahrt: mit dem Taxi oder Bus Nr. 36 von der Haltestelle an der Südseite der Kutubiya

Praktische Reisetipps

004ma Abb.: ad

An- und Rückreise

Mit dem Flugzeug

Flugverbindungen

Die staatliche Fluggesellschaft Royal Air Maroc (RAM) verkehrt seit 2010 von München direkt nach Marrakesch, ansonsten nur umständlich und zeitintensiv von Frankfurt über Casablanca. Ein Linienflug mit RAM ab Frankfurt nach Casablanca (hin und zurück) kostet etwa 400 €. Ein Direktflug von München nach Marrakesch ist schon ab 250 € zu haben.

- www.royalairmaroc.com, Tel. 089000 0800 (Marokko), 0699 2001461 (Dtld.)

Bequemer und meistens günstiger fliegt man **mit einer der Billigfluglinien direkt nach Marrakesch.** Die Flüge werden z. T. jedoch nur saisonal angeboten. Wer rechtzeitig bucht, kann hier bereits einen Flug ab 100 € für Hin- und Rückflug ergattern.

Wer keinen Direktflug ergattert, sondern z. B. mit Royal Air Maroc oder Air Arabia günstig nach Casablanca fliegt, erreicht Marrakesch bequem mit dem Zug (s. unten).

- **Air Arabia,** www.airarabia.com, von Basel und Brüssel nach Casablanca
- **easyJet,** www.easyjet.com, von Basel-Mühlhausen-Freiburg und Genf nach Marrakesch
- **Edelweiss Air,** www.edelweissair.ch, von Zürich nach Marrakesch
- **Ryanair,** www.ryanair.de, von Brüssel, Hahn im Hunsrück und Weeze am Niederrhein nach Marrakesch
- **Transavia,** www.transavia.com, von Amsterdam nach Marrakesch
- **TUIFly,** www.tuifly.com, von Amsterdam und Basel nach Marrakesch

Der **Flughafen Marrakesch-Menara** (Tel. 0524 447865) liegt relativ stadtnah, nur 6 km südwestlich vom Zentrum. Der Flughafen wurde 2008 ausgebaut und modernisiert. Man findet dort eine Wechselstube, Geldautomaten, diverse Shops und einen Infoschalter für Touristen, außerdem sind Mietwagenagenturen vertreten. Vom Flugplatz ins Zentrum kommt man folgendermaßen:

- **Bus:** Direkt vor dem Flughafenausgang befindet sich die Haltestelle des Shuttlebusses Nr. 19 *(Navette),* der von 6.30 bis 21.15 Uhr halbstündlich über die Hivernage und den Djamâa el-Fna zum Busbahnhof und Bahnhof in Guéliz fährt (einfache Fahrt 30 DH, hin und zurück 50 DH).
- **Taxi:** Der offizielle Tarif für die etwa 15-minütige Fahrt vom Flughafen zu den Hotels der Hivernage, nach Guéliz oder in die Medina beträgt mit einem Petit Taxi 50 DH, mit einem Grand Taxi 100 DH – die meisten Fahrer verlangen jedoch deutlich mehr (vgl. „Verkehrsmittel").

Mit der Bahn

Die Eisenbahn ist eine **angenehme, zuverlässige und preiswerte Alternative,** um aus anderen Landesteilen (z. B. Casablanca) nach Marrakesch anzureisen. Die Stadt ist der südlichste Haltepunkt im Schienennetz des Landes. Tickets sollten vorsichtshalber einen Tag vorher am Bahnhof gekauft werden. Ein Ticket 1. Klasse (ca. 14 €, einfache Fahrt) ist anzuraten, da es nur wenig teurer und die Reise dafür komfortabler ist.

◄ *Vorseite: In den Menara-Gärten* (18) *wartet ein Kamel auf Kundschaft*

073ma Abb.: ad

Züge von Rabat und Casablanca nach Marrakesch verkehren ca. 9-mal täglich. Die Fahrzeit beträgt etwa 4 Std. von Rabat und ca. 3¼ Std. von Casablanca.

Den aktuellen Fahrplan und weitere Infos zum marokkanischen Eisenbahnnetz erhält man unter:

› www.oncf.ma oder unter der Hotline 0890 203040

2009 wurde der monumentale Bahnhof aus Backstein, Glas und Granit gegenüber des Théâtre Royal an der Kreuzung von Av. Hassan II. und Av. Mohamed VI. eröffnet. An den Ticketschaltern erhält man Auskunft über die Abfahrtszeiten und Tickets. Im Bahnhof gibt es Fastfood, Mietwagenagenturen, eine Poststelle und eine Bank mit Geldautomat. Vor dem Gebäude warten Taxis (Preis verhandeln, vgl. „Verkehrsmittel"). Das angenehme Hotel Ibis Moussafir (s. S. 104) beim alten Bahnhof nebenan bietet all jenen Unterkunft, die erst spätabends oder nachts ankommen.

▲ *Der Bahnhof von Marrakesch*

Ausrüstung und Kleidung

Für einen Städtetrip nach Marrakesch ist **keine besondere Ausrüstung notwendig.** Am besten reist man mit leichtem Gepäck, dann haben bei der Rückreise umso mehr Souvenirs Platz. Alle evtl. vergessenen Dinge können problemlos vor Ort gekauft werden.

In Marrakesch herrschen tagsüber ganzjährig angenehme Temperaturen. Als Kleidungsstücke eignen sich leichte, weite Baumwollhosen oder -röcke, die über die Knie reichen sollten, und leichte Baumwoll- oder Funktionsshirts, evtl. mit Kragen gegen den Sonnenbrand im Nacken. In einem islamischen Staat sind ärmellose, enganliegende oder tief ausgeschnittene T-Shirts sowie sehr kurze Hosen und Röcke **keine angemessenen Kleidungsstücke!** Vor allem auf dem Land, in den Bergen und in den Altstädten verletzt dies das Moralgefühl der Bevölkerung.

Für ausgedehnte Entdeckungstouren in der Stadt sind bei der starken nordafrikanischen Sonneneinstrahlung unbedingt eine **Kopfbedeckung** und eine **Sonnenbrille** notwendig. Für die kühlen Nächte im Frühjahr, Spätherbst und Winter sollten ein winddichter Anorak oder Fleecepulli und ein Pullover im Gepäck nicht fehlen. Und die Badehose nicht vergessen!

Barrierefreies Reisen

Für Rollstuhlfahrer kann ein Aufenthalt in Marrakesch **äußerst beschwerlich** ausfallen: Gehsteige haben Löcher und hohe Absätze ohne Rampe, in vielen Sehenswürdigkeiten führen Treppen zu verschiedenen Etagen, die Riads der Altstadt verfügen nicht über Aufzüge, dafür aber über viele Stufen, die Gassen der Medina sind eng, uneben gepflastert und menschenüberfüllt. Auch bei den modernen Hotels in der Neustadt sollte man vor der Buchung anfragen, ob ein Aufzug vorhanden und ein barrierefreier Zugang möglich ist. Eine helfende Hand findet sich jedoch sicher überall in Marrakesch.

Diplomatische Vertretungen

- **Deutsche Botschaft in Rabat,** 7, Zankat Madnine, 10000 Rabat, Mo.–Fr. 9–12 Uhr, Tel. 0537 21 86 00, Fax 0537 706851, www.rabat.diplo.de, E-Mail: info@rabat.diplo.de. Konsularabteilung: 12, Av. Mehdi Ben Barka, 10000 Rabat, Mo.–Fr. 8–11 Uhr, Tel. 0537 63 54 00
- **Österreichische Botschaft in Rabat,** 2, Zankat Tiddas, 10000 Rabat, Mo.–Fr. 9–12 Uhr, Tel. 0537 764003, 761698, Fax 0537 765425, E-Mail: rabat-ob@bmeia.gv.at
- **Schweizerische Botschaft**, Square de Berkane, 10020 Rabat, www.eda.admin.ch/rabat, E-Mail: rab.vertretung@eda.admin.ch, Mo.–Fr. 8–11 Uhr, Tel. 0537 268030, 268031, Fax 0537 268040; Visaabteilung: 12, rue Ouezzane, 10001 Rabat, Tel. 0537 268041, 268042

Ein- und Ausreisebestimmungen

Deutsche Staatsbürger benötigen für einen Aufenthalt in Marokko bis zu drei Monaten einen noch sechs Monate gültigen **Reisepass.** Für Kinder unter 16 Jahren ist ein Kinderausweis mit Lichtbild oder ein Eintrag im Familienpass ausreichend.

Die Abfertigung am Flughafen in Marokko ist ziemlich unproblematisch. Dem Polizeibeamten legt man den Pass und den **Ein-/Ausreisezettel** (*Carte d'Embarquement/Débarquement*) vor. Daraufhin erhält man den **Einreisestempel mit Identifikationsnummer,** auf deren Lesbarkeit man unbedingt achten sollte, da sie für das Einchecken ins Hotel und für weitere Einreisen benötigt wird. Bei der Ausreise ist der gleiche Zettel auszufüllen, der meistens bei den Säulen am Flughafen herumliegt, und dem Beamten mitsamt Pass und Ticket vorzulegen.

Bei der **Zollabfertigung** kommt es nur gelegentlich vor, dass das Gepäck genauer kontrolliert wird. Die marokkanische Währung darf nur bis zu einem Höchstbetrag von 1000 DH ein- oder ausgeführt werden. Die Ein- und Ausfuhr von Rauschgift ist verboten und wird mit langen Gefängnisstrafen geahndet. Bei der Rückreise sind die **Einfuhrbeschränkungen** der EU bzw. der Schweiz zu beachten. Infos:

- www.zoll.de oder www.bmf.gv.at (EU, also D und A)
- www.ezv.admin.ch (CH)

Fotografieren

Die vielen fremdartigen Motive Marokkos verlocken zu häufigem Gebrauch der Kamera – aber Vor- und Rücksicht! **Grundsätzlich verboten** ist das **Filmen und Fotografieren militärischer Einrichtungen im weitesten Sinne.** Wenn Antennenanlagen, beflaggte Gebäude, Militärzäune, Uniformierte u.Ä. mit in die „Schusslinie" geraten, ist also Zurückhaltung geboten.

Nach strenger Koranauslegung ist jede bildliche Darstellung des Menschen verboten, daher sollten Sie vor allem **bei Personenaufnahmen äußerstes Feingefühl** beweisen. Wer Menschen fotografiert, sollte sich durch Fragen oder eine entsprechende freundliche Gestik vorher vergewissern, dass der Betroffene nichts dagegen hat. Im Zweifelsfall gilt: kein Foto!

Den benötigten Vorrat an Diafilmen sollte man zu Hause besorgen. Ansonsten können **Filme** und auch **Speicherkarten** für Digitalkameras in Fotoläden der Neustadt oder in Kiosken im Umkreis touristischer Sehenswürdigkeiten nachgekauft werden.

Frauen allein unterwegs

Besonders **blonden, jungen Frauen** wird es nicht verborgen bleiben: Für viele marokkanische Männer scheinen diese Merkmale einen **Schlüsselreiz** darzustellen, der sie zu einem zuckersüßen „Bonjour la gazelle, comment ça va?" oder zumindest einem leisen Pfeifen oder Zischen im Vorbeigehen veranlasst. Alleinreisende Frauen müssen in marokkanischen Großstädten immer wieder mit **Anmache und anzüglichen Bemerkungen** rechnen, in einem ernsthaften Sinne belästigt wird frau jedoch äußerst selten.

Um unnötige Anmachen zu vermeiden, sind **angemessene Kleidung** (keine schulterfreie, stark ausgeschnittene oder sehr enge Kleidung, keine kurzen Röcke) und ein **sicheres Auftreten** wichtig: Blickkontakt vermeiden, selbstbewusst und zielsicher weitergehen, ohne auf Kommentare zu reagieren. Bis auf diese gelegentlich nervigen Kommentare können sich alleinreisende Frauen in Marrakesch problemlos frei und sicher bewegen. Sollte doch einmal ein Mann zudringlich werden, dann sollte frau laut rufen und mit der Touristenpolizei drohen – sofort werden mehrere Personen zu Hilfe eilen. Traditionelle Cafés mit ausschließlich männlichem, einheimischem Publikum sollten jedoch gemieden werden.

Geldfragen

Währung

Währungseinheit ist der **Marokkanische Dirham (DH).** Bis zu einer Summe von 1000 DH darf die Währung ein- und ausgeführt werden. Der Dirham ist in 100 **Centimes** unterteilt.

Der Kurs des Dirham richtet sich nach jenem des US-Dollars, sodass der **Wechselkurs** zum Euro sehr von der Stärke oder Schwäche des US-Dollars abhängt.

- **Aktueller Wechselkurs** (Stand Anfang 2012): 1 DH = 8,9 Eurocent, 1 € = 11,14 DH; 1 DH = 0,11 CHF, 1 CHF = 9,24 DH
- Tagesaktuelle Wechselkurse im Internet unter: www.oanda.com/convert/classic

Geldwechsel

Am besten wechselt man gleich nach der Ankunft am Flughafen einen Betrag in Dirham um, dann kann man schon einmal das Taxi in die Stadt bezahlen und eine Kleinigkeit zu trinken und zu essen kaufen. Banken mit **Geldautomaten,** an denen mit Kredit- oder Maestro-(EC-)Karte problemlos Geld abgehoben werden kann, sind überall im Stadtgebiet und auch rund um den Djamâa el-Fna in der Medina zu finden. Übriggebliebenes marokkanisches Geld kann bei der Abreise am Flughafen (zum etwas schlechteren Kurs) zurückgetauscht werden.

- **Mehrere Banken mit EC-Automat** befinden sich überall in der Neustadt sowie in der Rue Bab Agnaou [N11] südlich des Djamâa el-Fna. Dort hat das Wechselbüro Mabrouka auch sonntags geöffnet.
- Das **Wechselbüro** *(Bureau de Change)* der Banque Populaire am Südende des Djamâa el-Fna ist Mo.-So. von 9-14 und 16-21 Uhr geöffnet. Dort gibt es auch einen Geldautomaten. Die Wechselstube im Hotel Ali (s. S. 105) hat auch abends/sonntags geöffnet.

Preise

Marrakesch ist **kein Billigreiseziel.** Besonders die touristischen Restaurants in stilvollen Riads in der Medina verlangen für ein Menü häufig mehr als 40 €, auch die Preise für ein Zimmer in einem Maison d'Hôtes steigen ständig an. Kleine, familiäre Gästehäuser und einfachere Hotels bieten das Doppelzimmer mit Bad schon ab

Marrakesch preiswert

- Sparfüchse, denen selbst die günstigen Taxis zu teuer sind, nehmen die **Stadtbusse** (s. S. 113), z. B. zwischen Place de Foucault [M11] und der Neustadt.
- Am billigsten isst man in den **Garbuden** in der Medina, z. B. nur wenige Schritte südlich des Musée de Marrakech (4) nahe der Eisenschmiede. Allerdings sollte man dafür einen unempfindlichen Magen mitbringen. Hygienischer sind die Essensstände am Djamâa el-Fna.
- Souvenirs, Datteln und getrocknete Früchte sind rund bei den touristenverwöhnten Händlern um den Djamâa el-Fna am teuersten. Günstiger kauft man etwas **abseits der Hauptgassen.**
- Wer auf Komfort und perfekte Sauberkeit verzichten kann, der übernachtet für etwa 30-50 DH **auf der Dachterrasse einer der vielen Billigherbergen** in den Gassen südlich des Djamâa el-Fna (2).

053ma Abb.: ad

etwa 25 €/Nacht an. Für einen Wochenendaufenthalt in Marrakesch in einem Mittelklassehotel bzw. einem durchschnittlichen Riad sollte man mit etwa 250 € pro Person rechnen.

› Einige **Preisbeispiele:** Café au lait/Thé à la menthe im Café 3–20 DH, Tajine/Couscous im Restaurant 40–200 DH, frisch gepresster Orangensaft: am Djamâa el-Fna 4 DH, im Restaurant 8–20 DH, 1,5-l-Wasserflasche im Laden 5–6 DH, Datteln: 20 bis 150 DH/kg je nach Sorte und Herkunft

▲ *Marokkanische Köstlichkeiten am Djamâa el-Fna* ❷

Gesundheitsvorsorge

Eine Reise nach Marokko birgt normalerweise keine größeren gesundheitlichen Risiken als eine Reise in ein beliebiges südeuropäisches Land. Die auch in Deutschland empfohlenen **Standardimpfungen Tetanus/Diphterie und Hepatitis A** sollten ggf. aufgefrischt werden.

Für Experimentierfreudige, die auch mal am Straßenstand essen, besteht das Risiko von (meist harmlosen) **Darminfektionen.** Vorsorglich sollte also ein **Durchfallmedikament** in der Reiseapotheke vorhanden sein. Wer nach der Regel „cook it, peel it or forget it" isst, vermeidet das Risiko von Diarrhö. Weitere Vorsichtsmaßnahmen: nur gut durchgekochte oder -gebratene Speisen, keine Eiswürfel, keine aufgewärmten Speisen, nur geschältes Obst, keine rohen Meeresfrüchte oder Gerichte mit rohen Eiern (Speiseeis, Mayonnaise), keine Frischmilch.

Ein **Sonnenschutz** in Form eines Sonnenhuts und einer Sonnencreme ist unbedingt notwendig. Ein Mückenschutzmittel hilft, juckende Stiche von Moskitos zu vermeiden.

› Weitere Informationen zu evtl. Gesundheitsrisiken auf Reisen: www.travelmed.de

Hygiene

Die **Touristenrestaurants und Hotels** in Marrakesch sind **überwiegend sehr sauber und ordentlich.** Nur bei den einfachen, billigen Unterkünften mit gemeinschaftlichen Toiletten und Duschen muss man mit verstopften Abflüssen, kaputter Spülung und verdreckten Kloschüsseln und Bädern rechnen.

Öffentliche Toiletten oder Toiletten in einfachen Cafés haben meist keinen Sitz, sondern sind – nach marokkanischem Standard – **Stehtoiletten.** Dort fehlt es auch meist an Toilettenpapier, stattdessen steht ein Wasserhahn zur Säuberung mit der linken Hand bereit ...

Die **Garbuden** am Djamâa el-Fna unterliegen staatlichen Hygienebestimmungen, dort wird normalerweise alles frisch zubereitet. Die für unseren Magen ungewohnten Keime können aber auch bei ausschließlichem Verzehr im Hotel oder guten Restaurant zu Magen-/Darmverstimmungen führen. Das gechlorte **Leitungswasser** sollte nicht getrunken werden, Vorsichtige verwenden auch zum Zähneputzen Flaschenwasser. Gutes, abgefülltes Wasser in 1,5-l-Flaschen gibt es in jedem Laden zu kaufen.

Meine Literaturtipps

Als unterhaltsame und informative Reiselektüre empfehle ich „Ein Jahr in Marrakesch" von Peter Mayne (List Verlag), „Marrakesch" von Esther Freud (Ullstein TB Verlag), „Der Platz der Gehenkten" von Hubert Fichte (Fischer TB Verlag) und „Die Stimmen von Marrakech" von Elias Canetti (u. a. Fischer TB Verlag).

Einen Eindruck von ganz Marokko gewinnt man durch den von mir betexteten, stimmungsvollen Bildband „Zeit für Marokko: Traumziele wie aus 1001 Nacht" mit Fotos von Christian Heeb (Bruckmann Verlag) und Tipps zu den schönsten Unterkünften und Sehenswürdigkeiten.

Informationsquellen

Infostellen zu Hause

In Deutschland

- **Botschaft des Königreiches Marokko,** Niederwallstr. 39, 10117 Berlin, Tel. 030 2061240, Fax 030 20612420, E-Mail: kontakt@botschaft-marokko.de, www.maec.gov.ma/berlin
- **Staatliches Marokkanisches Fremdenverkehrsamt (ONMT),** Graf-Adolf-Str. 59, 40210 Düsseldorf, Tel. 0211 370551/52, Fax 0211 374048, www.tourismus-in-marokko.de. Das Fremdenverkehrsamt verschickt stimmungsvolle Prospekte zu touristischen Zielen, die aber kaum Infos enthalten. Die Publikationen können auch über das Internet bestellt werden.
- Das **Auswärtige Amt** gibt allgemeine Länderinfos sowie aktuelle Reise- und Sicherheitshinweise: www.auswaertiges-amt.de.

In Österreich

- **Botschaft des Königreiches Marokko,** Hasenauerstr. 57, 1180 Wien, Tel. 01 5866650, 5866651, Fax 01 5867667, E-Mail: emb-pmissionvienna@morocco.at
- **Staatliches Marokkanisches Fremdenverkehrsamt (ONMT),** Kärtnerring 17/2/23A, 1010 Wien, Tel. 01 5125326, Fax 01 5123973, E-Mail: marokkotourismus@aon.at

In der Schweiz

- **Botschaft des Königreiches Marokko,** Helvetiastr. 42, 3005 Bern, Tel. 031 3510362, Fax 031 3510364, E-Mail: service-eco@amb-maroc.ch, www.amb-maroc.ch
- **Staatliches Marokkanisches Fremdenverkehrsamt (ONMT),** Schifflände 5, 8001 Zürich, Tel. 01 252735216, Fax 01 2511044, E-Mail: info@marokko.ch

Infostellen in der Stadt

🛈 **110** [D7] **Office du Tourisme (ONMT),** Place Abdelmoumen, Guéliz, Tel. 0524 436131 und 0524 436139. Der nicht immer freundliche Herr am Schalter gibt Touristen auf Englisch und Französisch Auskunft, ist aber bei größerem Andrang schnell überfordert. Im Gebäude hängt ein Marrakeschplan aus und kostenlose Broschüren werden ausgegeben. Detailinformationen oder Empfehlung von Stadtführern bekommt man hier nicht geboten.

Marrakesch im Internet

- **www.tourismus-in-marokko.de** – Die Website des Staatlichen Marokkanischen Fremdenverkehrsamts in Deutschland beinhaltet Infos, Veranstaltungshinweise, schöne Bilder und die Möglichkeit, Broschüren zu verschiedenen Themen zu bestellen.
- **www.marrakech.travel** – Offizielle Website des Staatlichen Marokkanischen Fremdenverkehrsamts mit touristisch relevanten Infos auf Deutsch.
- **www.tourisme.gov.ma** – Die offizielle Seite des Tourismusministeriums bietet aktuelle Zahlen, Tourismusprojekte, News usw.
- **www.marokko.com** – Eine sehr aktive Website mit Diskussionsforum zu Themen von Tourismus über Politik bis hin zu marokkanischer Küche und vielen Links zu anderen Marokko-Seiten. Das Tourismusforum wird u. a. von der Autorin moderiert.
- **www.maroc.ma** – Offizielle Website der marokkanischen Regierung: Politik, Statistiken, Links zu Ministerien etc.
- **www.marrakech-info.com** – Deutschsprachige Seite mit Infos zur Stadt und Buchungsmöglichkeit von Hotels und Riads.
- **www.marrakech-cityguide.com** – Die Website bietet aktuelle Infos und Adressen zu allen Aspekten der Stadt: Sehenswürdigkeiten und Stadtviertel, Restaurants, Hotels, Shopping, Nachtleben, Sport usw. Man kann zwischen den Spracheinstellungen französisch und englisch wählen.
- **www.madein-marrakech.com** – Übersichtliche Sammlung aller wichtigen Adressen: Unterkünfte, Restaurants, Nachtleben, Einkaufen.
- **www.ilove-marrakech.com** – Anzeigenbasiertes Portal mit Hotels, Restaurants und Shoppingadressen.
- **www.tourisme-marrakech.org** – Französischsprachige Website des Conseil Régionale du Tourisme mit praktischen Informationen und Zahlen zum Tourismus.

Publikationen und Medien

- Beim Tourismusamt in der Neustadt (s. o.) und in vielen Gästehäusern liegen englisch- und französischsprachige **Broschüren** mit Stadtplan, Veranstaltungskalender, Hinweisen zu Sehenswürdigkeiten sowie Restaurant- und Hotelanzeigen aus, z. B. „Last Exit Marrakech", „Le guide Marrakech" und „Couleurs Marrakech Pocket".
- Inzwischen widmen sich mehrere französischsprachige **Zeitschriften** der orientalischen Wohnkultur in den Riads der marokkanischen Altstädte: „Architecture du Maroc", „Maroc: Architecture, Cultures, Traditions", „Maisons du Maroc", „Couleurs Marrakech: Le Magazin de l'Art de vivre", „Medina".
- News über das (kulturelle) Stadtleben bietet die alle drei Monate erscheinende, französischsprachige Zeitung „La Tribune de Marrakech".
- Eine empfehlenswerte, französischsprachige **Tageszeitung** ist z. B. „Le Matin" (www.lematin.ma).

054ma Abb.: ad

Internetcafés

Man muss nicht lange suchen, um ein Internetcafé zu finden. Nahe dem Djamâa-el-Fna, in der Rue Bab Agnaou [N11] und in der Neustadt gibt es diverse gut ausgestattete Internetcafés. Eine Stunde online kostet ca. 10 DH (in den teuren Hotels bis zu 40 DH). Der **Cyber Parc** (s. S. 42) zwischen Altstadt und Guéliz wurde mit Internetterminals und einem supermodernen Internetcafé in der Mitte ganz der virtuellen Welt gewidmet.

› **Hanan Internet,** 92, Rue Bab Agnaou, Tel. 0524 441639, tgl. 9–24 Uhr. Moderne Ausstattung, auch Fax, Kopierer und Telefone.

@111 [O11] **Cyber Café T@yni,** Rue des Banques, wenige Meter vom Djamâa el-Fna im OG, tgl. 10–23 Uhr. Modern ausgestattet mit WLAN und Internettelefonie.

▲ *Modernes Internetcafé im Cyber Parc*

Mit Kindern unterwegs

Die Marokkaner sind **sehr kinderlieb**, daher werden Familien in Marrakesch grundsätzlich willkommen geheißen und man knüpft schnell Kontakt mit hilfsbereiten Marrakchis. Manche Gästehäuser bieten speziell ausgestattete, größere Familienzimmer an. Der Bummel durch die Souks ist für Kinder ein aufregendes Erlebnis, allerdings sollte man genug Ruhepausen einplanen. Die Spektakel am Djamâa el-Fna ziehen ebenfalls Groß und Klein in ihren Bann.

In den Menara-Gärten 18, in der Palmeraie 20 und auf der Freifläche vor dem Hotel Royal Mirage (Av. Ménara/Mohammed VI.) kann der Nachwuchs auf einem Dromedar Platz nehmen und ein Stück reiten. Eine Stadtrundfahrt in der Pferdekutsche *(calèche)* schont die Füße und bietet Kindern eine willkommene Abwechslung. Ein Spielplatz steht z. B. im Jardin el Harti in der Neustadt zur Verfügung. Das Bad Oasiria (s. S. 46) etwas außerhalb der Stadt ist ein wahres Paradies für Kinder: mit Rutschen, Piratenschiff, Spielpätzen, Wellenbad und Strömungskanal für Gummireifen. Kleinkinder und Babys haben an einem Städtetrip wahrscheinlich weniger Vergnügen.

Medizinische Versorgung

Die medizinische Versorgung in Marrakesch ist gut, es stehen sowohl staatliche **Krankenhäuser** *(hôpital)* als auch **Privatkliniken** *(clinique)* zur Verfügung. Die Privatkliniken sind meistens besser ausgestattet und man muss nicht so lange warten. Hotels, Botschaften oder Konsulate empfehlen Adressen von kompetenten, evtl. sogar deutschsprachigen Ärzten vor Ort (vgl. „Diplomatische Vertretungen"). Die überall im Stadtgebiet verteilten **Apotheken** *(pharmacie)* führen neben einheimischen auch ausländische Medikamente, die meist rezeptfrei und billiger als bei uns zu haben sind. Bereitschaftsapotheken *(pharmacies de garde)* haben auch nachts und an Sonn- und Feiertagen geöffnet. Die Nachtdienste der Apotheken werden wöchentlich neu eingeteilt, Infos erhält man beim Syndicat des Pharmaciens de Marrakech, Tel. 0524 447520 oder 437228.

Die staatlichen Krankenhäuser in Marokko bieten ihre **Grundleistungen** auch für Ausländer kostenlos an. **Sonderleistungen**, Behandlungen in den besser ausgestatteten Privatkliniken und private Konsultationen müssen selbst bezahlt werden. Die Kosten für eine Behandlung in Marokko werden von den gesetzlichen Krankenversicherungen in Europa nicht übernommen (vgl. „Versicherungen", S. 114).

- ⊕112 [E8] **Dr. Samir Belmezouar,** 6, Rue Fatima Zohra Rmila, 1. Stock Imm. Benkirane, Tel. 0524 383356, Mobil 0661 243227. Der in Frankreich studierte Allgemeinmediziner ist u. a. Hausarzt für das La Mamounia Hotel.
- ⊕113 [D6] **Polyclinique du Sud,** Rue Yougoslavie, Ecke Rue Ibn Aicha, Guéliz, Tel. 0524 447999. Von Ausländern in Marrakesch bevorzugt genutzte Privatklinik, 24 Std. Notfallaufnahme.

Notfälle

Kartenverlust

Deutsche Kunden, die ihre **Kreditkarte, Maestro(EC)-Karte** oder ihr **Handy** verloren haben, können sie über die **zentrale Sperrnummer Tel. +49 116116** blockieren lassen. Man sollte sich möglichst vor dem Reiseantritt die wichtigsten Daten wie Kartennummern und Gültigkeitsdauer notieren, da diese bei der Sperrung unter Umständen abgefragt werden können.

Für **Österreicher und Schweizer** gibt es zurzeit noch keine zentrale Sperrnummer, deshalb sollten sie sich vor der Reise bei den zuständigen Banken und Handy-Providern über die Modalitäten informieren.

Notrufnummern

- **Polizei:** Tel. 19
- **Touristenpolizei:** Tel. 0524 384601
- **Feuerwehr:** Tel. 15
- **Notarzt (SOS Médecins):** Tel. 0524 404040, 400 DH pro Konsultation
- **Ambulanz:** Tel. 0524 433030

055ma Abb.: ad

Öffnungszeiten

Wochenfeiertag und arbeitsfreier Tag ist der Sonntag, auch freitagvormittags und mittags zur Gebetszeit haben viele Ämter und Läden (v. a. in den Souks) geschlossen.

Die **Öffnungszeiten variieren** mangels eines Ladenschlussgesetzes, deshalb können nur Kernöffnungszeiten genannt werden.

Generell sind die Öffnungszeiten während des **Ramadan** und in der Woche nach dem **Opferfest** (Aid el Kebir) sehr eingeschränkt. (Post-)Ämter und Behörden haben dann meist nur von 9.30–15 Uhr geöffnet, Geschäfte nach Gutdünken des Besitzers manchmal nur vormittags oder in den späten Nachmittagsstunden.

- **Geschäfte und Büros:** Mo.–Sa. 9.30–13 Uhr u. 15–19 Uhr. Die Läden in der Medina öffnen etwa ab 10 Uhr und schließen gegen 21 Uhr.
- **Ämter und Behörden** (Banken, Post etc.): Mo.–Fr. 8–16 oder 17 Uhr, während des Ramadan bis 14 oder 15 Uhr. Manche Banken (z. B. am Djamâa el-Fna) haben auch samstags bis 15 Uhr geöffnet.
- **Museen und Monumente:** tgl. (außer Di.) 9–16.45 Uhr, während des Ramadan bis 15 Uhr

Post

Die **Hauptpost** befindet sich am Place du 16 Novembre [F8] (Av. Mohammed V.) in Guéliz, eine weitere große Postfiliale liegt am Südende des Djamâa el-Fna.

Briefmarken sind meist auch in Tabak- und Schreibwarenläden erhältlich, in denen Postkarten verkauft werden. Postkarten und Briefe bis 20 g nach Deutschland benötigen als Porto 7,80 DH. Die **Laufzeit** für Briefe und Karten in die Heimat liegt bei etwa einer Woche.

Schwule und Lesben

Homosexualität ist in Marokko illegal, sexuelle Handlungen zwischen gleichgeschlechtlichen Partnern können nen dem Gesetz nach mit einer Geldzahlung oder Gefängnis bis zu drei Jahren bestraft werden. Homosexuelle Partnerschaften sind in religiöser und moralischer Hinsicht für einen Großteil der lokalen Bevölkerung nicht akzeptabel. Zärtlichkeiten zwischen gleichgeschlechtlichen Paaren in der Öffentlichkeit sind daher tabu, auch wenn freundschaftlich Hand in Hand schlendernde marokkanische Männer zum Alltagsbild gehören.

Dennoch ist Marokko und besonders Marrakesch **als Gay-Reiseziel bekannt** und hinter der Fassade hat sich eine **lebhafte Szene** entwickelt. In der Stadt gibt es zwar keine ausgewiesenen Gay-Bars, einige Orte wie z. B. das Diamant Noir (s. S. 36) und

◄ *Lampenmacher am Place Ferblantiers [O13]*

das Café des Negociants am Place Abdelmoumen sind jedoch als Treffpunkte bekannt. Marokkanisch-europäische gleichgeschlechtliche Paare haben evtl. Schwierigkeiten, ein gemeinsames Zimmer in einem Hotel zu mieten, weil vermutet wird, dass es sich beim Marokkaner um einen Prostitutierten handelt. Es gibt jedoch diverse Riads, die als „gay friendly" gelten (z. B. La Terrasses des Oliviers, vgl. „Unterkunft") und z. T. von schwulen Paaren betrieben werden.

Entwicklungen wie die weitverbreitete Pädophilie und wachsende Prostitution von Männern führte in den letzten Jahren zu einer **verstärkten Abneigung einiger Marrakchis** bis zu vereinzelten Gewalttaten gegen Homosexuelle – auch der Bürgermeister sprach sich bereits öffentlich gegen Schwule aus. Homosexuelle Touristen, die sich in der Öffentlichkeit unauffällig verhalten, haben in Marrakesch jedoch keine Probleme zu erwarten.

› Marokkanisches Online-Homomagazin: www.kelma.org/kelmaghreb.htm

Sicherheit

In Marrakesch können sich Touristen **zu jeder Tageszeit sicher bewegen**, Gewaltdelikte sind selten. Wie in allen Ländern sollten Wertsachen nicht offen zur Schau gestellt werden. Am besten trägt man nur einen kleinen Betrag, den man tagsüber benötigt, im Geldbeutel oder der Hosentasche bei sich und bewahrt den Rest im Hotelsafe auf. **Vorsicht vor Taschendieben** ist vor allem im Gedränge am Djamâa el-Fna und in den Hauptgassen der Medina geboten.

Nutzen Sie die **bewachten Parkplätze** und lassen Sie keine Wertgegenstände im Fahrzeug liegen. In den nachts menschenleeren und dunklen Gassen der Medina fühlen sich alleinreisende Frauen meist nicht wohl – auch wenn es sich dabei nur um ein subjektives Empfinden handelt.

Der **Terroranschlag** auf das Café Argana am Djamâa el-Fna am 28. April 2011 tötete 17 Menschen. Der Großteil der marokkanischen Bevölkerung verurteilt das Attentat scharf und steht nicht hinter den Ideologien radikaler Islamisten. Die Terrorgefahr ist inzwischen weltweit allgegenwärtig – sie sollte daher nicht von einer Reise nach Marokko abhalten!

Sprache

In Marokko ist **Arabisch** offizielle Amts- und Landessprache. **Französisch** dient seit der Kolonialzeit als **Verkehrs- und Handelssprache**. Die Beschilderung und viele Touristeninformationen in Marrakesch sind in Französisch gehalten. Viele Souvenirhändler, Fremdenführer sowie das Personal in Restaurants und Hotels sprechen auch Englisch oder sogar Deutsch.

Im Anhang dieses CityTrips findet sich eine „Kleine Sprachhilfe" mit den wichtigsten Vokabeln und Redewendungen.

LITERATURTIPP

Sprachführer

Empfehlenswert sind zwei handliche und praxisnahe Sprechführer aus der Kauderwelsch-Reihe des Reise Know-How Verlags: „Marokkanisch-Arabisch – Wort für Wort" und „Französisch – Wort für Wort".

Stadttouren und Stadtführer

Für den Orientneuling erscheint das Gassengewirr der Medina als ein einziges Labyrinth. Obwohl die Orientierung in der Altstadt von Marrakesch nach ein paar Tagen vergleichsweise leichtfällt, ist es für den ersten Besichtigungstag sinnvoll, einen **Stadtführer** zu engagieren.

In manchen Städten Marokkos wird der Reisende von den sogenannten **„faux guides"** – Jugendlichen oder jungen Männern, die sich illegal als Führer anbieten – geradezu überfallen. In Marrakesch ist dies eher selten der Fall. Nehmen Sie sich auf jeden Fall einen offiziellen, staatlich geprüften Stadtführer und lassen Sie sich ggf. seine Führerlizenz oder -plakette zeigen. Die offiziellen Führer sprechen mehrere Sprachen und geben geschichtliche Hintergrundinformationen. *Faux guides* zielen hingegen hauptsächlich darauf ab, zu Souvenirgeschäften und Restaurants zu führen, von denen sie eine Provision erhalten.

Kompetente deutschsprachige Stadtführer verlangen für eine halbtägige Führung 40–50 € und für den ganzen Tag bis zu 100 € – unabhängig von der Personenzahl. Der Preis sollte immer vorher vereinbart werden! Die Hotels halten oft eine Liste empfehlenswerter Stadtführer bereit.

- **Empfehlenswerte offizielle, Deutsch sprechende Führer** für alle Sehenswürdigkeiten sind: Hassan Moumen (Mobiltel. 0661 581681), Jamal Benihoud (Mobiltel. 0662 203281, www.benihoud-touristguide-marokko.com), Abdelkader Dizi (Mobiltel. 0667 964912), Taib Jrina (Mobiltel. 0667 852803) und Ahmed Tija (Tel. 0524 300337).
- Seit 2011 verkehrt wieder ein **roter Doppeldeckerbus** für Touristen auf zwei Rundkursen durch die Stadt (www.alsa.

056ma Abb.: ad

057ma Abb.: ad

ma). Die „Tour Historique“ startet am Tourismusbüro im Zentrum der Neustadt (s. S. 95) und klappert die Hauptattraktionen in Neu- und Altstadt ab (Zustieg an allen Stationen, z. B. am Djamâa el-Fna, möglich). Die „Tour Oasis“ führt in die Palmeraie 20. Mehrsprachige Erklärungen per Kopfhörer, Ticket (24 Std. gültig) für Erw. 145 DH, für Kinder 75 DH. Wer es ganz gemütlich mag, nimmt die kleine **Touristen-Bimmelbahn** von der Kutubiya in die Neustadt (50 DH für eine Stunde).

Telefonieren

An fast jeder Ecke sind die **blau-orangen öffentlichen Telefone** installiert, von denen aus auch nach Deutschland bzw. Europa telefoniert werden kann. **Telefonkarten** mit unterschiedlichem Guthaben gibt es bei allen Niederlassungen der Maroc Telecom und in den meisten Läden. Außerdem betreiben private Téléboutiquen (teils mit Fax und Internet) Münzapparate. Eine Minute nach Deutschland kostet ca. 5,50 DH (0,55 €). Telefonieren nach Deutschland vom Hotel aus ist horrend teuer (3–5 €/Min.) – am günstigsten ist es, sich am Zimmertelefon des Hotels mit einer deutschen Billigvorwahl zurückrufen zu lassen.

Mobiltelefone funktionieren in Marokko problemlos, allerdings sind die Roaminggebühren sehr hoch. Wer längere Zeit im Land verbringt oder erreichbar sein möchte, ohne für eingehende Gespräche zu zahlen, der kauft sich eine SIM-Karte mit Prepaid Guthaben bei einem der marokkanischen Mobilfunkanbieter (z. B. Méditel oder Maroc Telecom, ca. 80 DH mit 50 DH Startguthaben).

› Die **Telefonauskunft** erreicht man in Marokko unter der Nummer 160.
› Marrakesch hat seit März 2009 **die Vorwahl 0524.** Diese **muss immer mitge-**

▲ *Téléboutiquen gibt es an jeder Ecke*

◀ *Sightseeing-Tour mit dem Doppeldeckerbus*

wählt werden! Vorsicht: Auf manchen Visitenkarten und Internetseiten steht noch die alte Vorwahl 024 oder 044. Die Nummern marokkanischer Mobiltelefone beginnen stets mit 066 oder 067.

- Von D, A oder CH aus wählt man die **Ländervorwahl für Marokko 00212** und anschließend die neunstellige Nummer ohne die „0" am Anfang.

Uhrzeit

In Marokko gilt die Westeuropäische Zeit (UTC), daher müssen Besucher aus D, A und CH (MEZ) ihre Uhren um eine Stunde zurückstellen, während der Sommerzeit (MESZ) um zwei Stunden. Wo sich die neu eingeführte marrokanische und die deutsche Sommerzeit überschneiden, beträgt der Zeitunterschied wiederum nur eine Stunde.

058ma Abb.: ad

Unterkunft

Allgemeines

In Marrakesch gibt es Hotels jeder Kategorie und für alle Ansprüche: vom superluxuriösen Paschapalast wie aus Tausendundeiner Nacht bis zum einfachen Travellerhotel und der Jugendherberge. Mit dem anhaltenden Trend zum individuellen Wohnen in traditionellen Stadthäusern der Medina hält der **Renovierungsboom von Riads** in Marokko an. Man unterscheidet in diesem Zusammenhang zwischen klassifizierten Hotels (1–5 Sterne) und sogenannten *Maisons d'Hôtes* (Gästehäusern).

Bei den **Maisons d'Hôtes** handelt es sich um renovierte Dars oder Riads der Altstadt (im Süden Marokkos auch Kasbahs). Der Begriff „Riad" bezeichnet ein traditionelles Stadthaus mit Garten und Springbrunnen im Innenhof, früher häufig Wohnsitz eines reichen Händlers, Wesirs oder sogar eines Paschas. „Dar" bezeichnet ein Hofhaus ohne Garten. Maison d'Hôtes sind häufig in ausländischer Hand und wurden z.T. jahrelang aufwendig und prachtvoll renoviert (vgl. „Leben wie ein Pascha in der Medina von Marrakesch"). Individuell eingerichtete Zimmer (max. 10) in einem Stilmix aus traditionellen und modernen Elementen, Wände und Böden voller Mosaike, Springbrunnen, Stuckornamente, Zedernholzschnitzereien und nicht zuletzt der fantastische Blick über die Medina von der Dachterrasse aus machen jedes Haus zu etwas Besonderem. Riads mit nur wenigen Zimmern können auch komplett gemietet werden.

Bei den **Hotels** kann man sich etwa ab einer 3-Sterne-Klassifizierung auf Sauberkeit, Komfort und zuverlässigen Service verlassen. In einfacheren Unterkünften ist es u.U. laut und nicht so sauber. Die Toiletten und Duschen befinden sich evtl. als Gemeinschaftseinrichtungen am Gang. Die einfachen, unklassifizierten Hotels liegen in den Gassen südlich des Djamâa el-Fna, z.B. in der Rue de la Recette [N12] (Seitengasse der Rue Bab Agnaou), in der Rue Riad Zitoun el Kedim [O12] und in den davon abgehenden Gässchen. Auch in der Neustadt beim Busbahnhof gibt es einige einfache Hotels.

Ohne **Reservierung** ist ein Unterkommen in größeren Hotels und in vielen Maison d'Hôtes zur Hauptsaison (Ostern, Weihnachten, Ferienzeiträume) schwierig. Deshalb sollte man zu diesen Terminen rechtzeitig planen und Zimmer reservieren. Die meisten Hotels verlangen zur Hauptsaison höhere Zimmerpreise. **Europäisch-marokkanische Paare** haben evtl. Schwierigkeiten, ein gemeinsames Zimmer zu mieten – die Hotels möchten damit der Prostitution vorbeugen.

Die meisten Gästehäuser in den Gassen der Medina sind nur zu Fuß erreichbar, **Parken** ist am Rand der Altstadt möglich. Hotels in der Neustadt verfügen hingegen nahezu immer über eigene, bewachte Parkplätze.

Die in Marrakesch erhältlichen Pläne der verwinkelten Medina reichen zum problemlosen Auffinden der Häuser nicht aus! Rufen Sie deshalb bei Ihrer Ankunft in der Stadt in der jeweiligen Unterkunft an und **lassen Sie sich abholen** (z.B. vom Djamâa el-Fna, Flughafen, Bahnhof), den Gepäcktransport organisieren und (so nötig) einen bewachten Parkplatz zeigen. Das **Gepäck** kann man gegen ein geringes Entgelt (ca. 20 DH) auch vor die Haustür transportieren lassen – Männer mit Sackkarren warten z.B. am nördlichen Djamâa el-Fna auf Kundschaft.

059ma Abb.: ad

◄ *Komfortabel, zentral und erschwinglich: das Hotel Ibis am alten Bahnhof*

► *Das Hotel Oudaya in der Neustadt*

Hotels in der Neustadt

Günstig

114 [C11] **Jugendherberge** *(auberge de jeunesse)*, Rue el Jahed, Hivernage, Tel. 0524 447713, www.hihostels.com, in einer Parallelstraße zum Bd. el Hansali. Die sehr saubere Herberge liegt ruhig und nahe des Bahnhofs. Hübscher kleiner Garten und TV-Salon, 7 € mit Frühst. im Mehrbettzimmer, auch Familienzimmer.

074ma Abb.: ad

🏨 **115** [F7] **Toulousain,** 44, Rue Tariq Ben Ziad, Guéliz, Tel. 0524 430033, www.hoteltoulousain.com. Zentral gelegenes, einfaches Travellerhotel mit Parkmöglichkeit im Hinterhof. Nebenan befindet sich das Café du Livre (s. S. 33). Ruhig und angenehm, netter Innenhof, (z. T. recht hitzestauende) DZ mit Dusche/WC inkl. Frühstück 23 €, ohne Bad 19 €. Sauber, nur an manchen Stellen blättert der Putz.

Mittelklasse

🏨 **116** [F7] **Le Caspien,** 12, Rue Loubnane, Ecke Rue Liberté, Guéliz, Tel. 0524 422282, www.lecaspien-hotel.com. Die hübschen, sauberen und modern marokkanisch gestalteten Zimmer (mit Bad, TV) gruppieren sich auf mehreren Etagen um den Innenhof (auch Suiten mit Balkon). Das 3-Sterne-Haus hat ein angenehmes Bistro und einen Mini-Pool. DZ 59 € inkl. Frühstück.

▲ *Eleganz und Luxus prägen die Zimmer im La Mamounia*

🏨 **117** [C9] **Ibis Moussafir,** Av. Hassan II., Place de la Gare, Tel. 0524 43592933, www.ibishotel.com. Schönes 3-Sterne-Mittelklassehotel mit Pool, freundlichem Service und gutem Frühstück, DZ ab ca. 35 €, günstige Lage direkt am Bahnhof. Die Räume nach vorne sind laut, besser Zimmer zum Garten verlangen. Ein weiteres Ibis-Hotel befindet sich an der Ausfahrtsstraße Richtung Casablanca.

🏨 **118** [F6] **Moroccan House Hotel,** 3, Rue Loubnane, Ecke Bd. Zerktouni, Guéliz, www.moroccanhousehotels.com, Tel. 0524 420305/06. Dieses empfehlenswerte Hotel ist etwas überladen orientalisch im Stil eines Riads gehalten. Das Personal ist sehr freundlich, ein Pool bietet Erfrischung. Die 50 Zimmer verschiedener Farbgebung und Kategorie sind mit Baldachinbett, TV und Klimaanlage ausgestattet. DZ ab 62 € ohne Frühstück.

🏨 **119** [C7] **Oudaya,** 147, Rue Mohammed El Bequal (Nordende), Tel. 0524 448512 od. 447109, www.hotel-oudaya.com. Zentrumsnahes, modernes und gepflegtes Mittelklassehotel im marokkanischen Stil, ca. 20 Min. Fußmarsch zum Djamâa el-Fna. Sehr freundlich und korrekt, schöner Pool im Hof, Hammam, behinderten- und kinderfreundlich. Saubere, gut ausgestattete und klimatisierte Zimmer mit TV und Balkon zum Hof, WLAN im Haus, gutes Frühstücksbüffet, Abendessen nicht zu empfehlen. DZ 56 € inkl. Frühstück.

🏨 **120** [J7] **Ryad Mogador Menara,** Ecke Bd. 11 Janvier/Bd. Prince My Abdellah, Tel. 0524 438646, www.ryadmogador.com. Modernes, großes 3-Sterne-Hotel mit Pool, Parkplatz und gutem Preis-Leistungs-Verhältnis (Doppelzimmer ab 40 € inklusive Frühstück). Die Zimmer sind mit Sat-TV und Klimaanlage ausgestattet. Kein Alkohlausschank.

Oberklasse

121 [K12] **La Mamounia Palace,** Av. Bab Jdid (zwischen Stadtmauer und Kutubiya-Moschee), Tel. 0524 388600, www.mamounia.com. Das legendäre und weltbekannte Luxushotel wurde nach dreijähriger Renovierung 2009 glamourös wiedereröffnet. Das urprünglich aus dem Jahr 1923 stammende, von Henri Probst entworfene Traditionshotel verbindet die märchenhafte Atmosphäre aus 1001 Nacht mit dem Komfort des 21. Jh. Es diente als Kulisse für zahlreiche Filme und als Dominzil für Aristokraten, Stars und Politiker, darunter Stammgast Winston Churchill. Sterneköche sorgen in den französischen und marokkanischen Gourmet-Restaurants fürs leibliche Wohl, der herrliche 2500 m² große Spa-Bereich garantiert Entspannung und ist (mit Reservierung) auch für Nichtgäste geöffnet. Unbedingt einen Besuch wert ist der traumhafte, 7 ha große Mamounia-Park mit Pool unter Palmen. Nichtgäste können den Pool und Fitnesspavillon mit einem Tagespass für 50 € nutzen. Prachtvoll mit Mosaiken, Marmor, Stuck und moderner Hightech ausgestattete Zimmer und Suiten mit Balkon und Blick über die Gärten ab 600 €. Zutritt in den Park und ins Hotel für alle, die nicht zu den Gästen gehören, nur mit angemessener Kleidung (keine Sandalen!).

122 [D7] **La Renaissance,** 89, Av. Mohamed V., Ecke Bd. Zerktouni, Tel. 0524 337777, www.renaissance-hotel-marrakech.com. Nach der Renovierung wurde das Traditionshotel (seit 1952) im Jahr 2010 als Designtempel wiedergeboren. Sehr zentral mit Touristinfo, Restaurants, Cafés etc. um die Ecke. Sky Bar (7. Stock) mit Panoramablick und Cocktails (s. S. 36), Hammam, gutes französisches Restaurant. Standard-Doppelzimmer ab 190 €, Suite ab 250 €.

Maison d'Hôtes und Hotels in der Medina

Die mit dem Adresszusatz „nördliche Medina" bezeichneten Gästehäuser befinden sich in den Quartieren nördlich des Djamâa el-Fna, z. B. Kennaria, Dabbachi, Azbezt, Mouassine, Bab Doukkala. Die Maison d'Hôtes in der südlichen Medina befinden sich u. a. in den Vierteln Riad Zitoun el-Djedid, Riad Zitoun el-Kedim, Mellah und Kasbah.

Günstig

123 [N11] **Ali,** Rue Moulay Ismail (wenige Schritte vom Djamâa el-Fna), südliche Medina, Tel. 0524 444979, www.hotel-ali.com. Travellertreffpunkt Nr 1, internationales junges Low-Budget-Publikum. Zimmer laut, nicht klimatisiert und sehr klein, aber sauber, bewachter Parkplatz. Jeden Abend günstiges All-you-can-eat-Buffet, eigener Pizzaofen. Abends lebhaftes Treiben im Café zur Straße. Wechselbüro (auch am Wochenende und abends geöffnet), Tausch von Reiseschecks möglich. Es können Tagesausflüge (z. B. nach Ouzoud) gebucht werden. Übernachtung auf der Dachterrasse mit tollem Blick auf den Platz (Matratze und Schlafsäcke vorhanden) ca. 6 € inkl. Frühstück, DZ mit Frühstück 35 €, Vierer-zimmer 55 €, WLAN-Hotspot

124 [N11] **El Amal,** 93, Derb Sidi Bouloukate, in ruhiger Seitengasse der Riad Zitoun el Kedim, südliche Medina, Tel. 0524 445043. Etwas dunkle, einfache und ordentliche Zimmer mit Waschbecken in einem kleinen, grün gestrichenen Hofhaus. Saubere Etagenduschen. DZ 15 € ohne Frühstück.

125 [N11] **Essaouira,** 3, Derb Sidiboulokate, Seitengasse von Riad Zitoun el Kedim, südliche Medina, Tel. 0524 443805, www.jnanemogador.com/hotelessaouira-marrakech.htm. Am

Südende des Djamâa el-Fna in die Gasse mit dem Torbogen einbiegen, ca. 5 Min. bis zum Hotel rechts in der zweiten kleinen Seitengasse. Einfaches, hübsches und sauberes, daher beliebtes Travellerhotel in einem kleinen Riad mit bunt bemalten Holzbalkonen. Hellhörige Zimmer mit Waschbecken oder eigenem Bad auf zwei Etagen um den Innenhof. Abendessen auf Bestellung. Dachterrasse mit Snackbar und Blick auf die Stadt und die Berge (Übernachtung auf der Terrasse 2,66 €). DZ 10 € mit Etagendusche (warm), nur eine Toilette pro Gang, DZ mit Bad/WC 20 € ohne Frühstück.

126 [N12] **Gallia,** 30, Rue de la Recette (Seitengasse Rue Bab Agnaou), südliche Medina, Tel. 0524 445913, www.ilove-marrakech.com/hotelgallia. In diesem renovierten alten Stadthaus wird man sehr freundlich empfangen, den schönen Innenhof ziert eine große Palme, die 19 Zimmer sind sauber und klimatisiert. Häufig ausgebucht, Reservierung notwendig. DZ 55 € inkl. Frühstück.

127 [O11] **Jnane Mogador,** 116, Riad Zitoun el Kedim, Derb Sidi Bouloukat, südliche Medina, nahe dem Djamâa el-Fna, Tel. 0524 426323/24, www.jnanemogador.com. Kleiner, hübscher Riad (2-Sterne-Hotelklassifizierung) mit zwei Stockwerken, Internetecke, kl. Hammam, 18 schönen Zimmern mit TV und Klimaanlage, Dachterrasse ohne Schatten. DZ ohne Frühstück ab 38 € (je nach Saison).

128 [O11] **Riad Celia,** 1, Douar Graoua, Riad Zitoun Djedid, südliche Medina, Tel. 0524 429984/81, www.hotelriadcelia.com, WLAN-Hotspot. Kleiner, schlichter, sauberer und freundlicher Riad mit 11 klimatisierten Zimmern und riesiger Palme im Innenhof. Günstige Lage nur wenige Min. vom Djamâa el-Fna. DZ 45–90 € inkl. Frühstück.

129 [O11] **Sherazade,** 3, Derb Djamâa, Riad Zitoun El Kedim (ca. 5 Min. vom Djamâa el-Fna), südliche Medina, Tel. 0524 429305, www.hotelsherazade.com. Sehr nettes, sauberes 2-Sterne-Hotel im marokkanischen Stil mit 21 Zimmern, das vom deutsch-marokkanischen Paar Sabina und Ahmed Benchaira geführt wird. Ein – im Vergleich zu den teureren Maison d'Hôtes – einfaches Stadthaus und beliebtes Travellerhotel. Sehr gutes Frühstück 5 €, Halbpension 15 €, DZ mit Bad 50–69 € (z.T.

062ma Abb.: ad

◄ *Beliebter Treffpunkt von Backpackern und Travellern: das Hotel Essaouira*

► *Im Dar Limoun Amara wohnt man hübsch und familiär*

063ma Abb.: ad

mit Klimaanlage), DZ mit (sauberem) Gemeinschaftsbad 25 € (laut, da direkt an der Terrasse). Organisation von Ausflügen, keine Kreditkarten, Vorausbuchung notwendig.

130 [N11] **Sindi Sud,** 109, Riad Zitoun el Kedim, Derb Sidi Bouloukate, südl. Medina, 10 m vom Hotel Essaouira, Tel. 0524 443337. Einfaches Hotel mit freundlichem Personal, schöner Dachterrasse und ordentlichen Zimmern, gutes Preis-Leistungs-Verhältnis (DZ ohne Bad ca. 10 €, mit Bad ca. 30 €, auf der Dachterrasse 3 €).

Mittelklasse

131 [P9] **Bordj Dar Lamane,** 11, Derb El Koudian, Ben Salah (direkt beim Place Ben Salah und der gleichnamigen Moschee), nördliche Medina, Tel. 0524 378541, Mobil 0662 35 79 73, Info in Deutschland: Tel. 07663 949455. Unter deutsch-marokkanischer Leitung steht dieser schöne, farbenfrohe Dar im traditionell-marokkanischen Stil. Das Haus hat sieben komfortable Zimmer, die sich auf zwei Stockwerken um den Innenhof mit Brunnen gruppieren (untere Zimmer dunkel). Von der Dachterrasse genießt man einen herrlichen Blick über die Dächer Marrakeschs. Die Gäste werden liebevoll von der sehr gut Deutsch sprechenden Haushälterin Latifa betreut. Hervorragende Küche, Weinausschank, individuelle Organisation von Ausflügen möglich. DZ und Suite 85–120 € (je nach Saison).

132 [P12] **Dar Limoun Amara,** 71, Derb Jamaa, Riad Zitoun Djedid, südliche Medina, Tel. 0524 381809, www.darlimounamara.com. Gute Lage nahe Bahia-Palast und Dar-Si-Said-Museum, wenige Minuten zum Djamâa el-Fna. Der freundliche Gérard kümmert sich um die Gäste der sechs geräumigen Zimmer. Auf der Terrasse (leider ohne Ausblick) gibt es ein üppiges Frühstück mit selbstgemachten Kuchen. Schöner Innenhof mit Bananen und Orangenbäumen, klimatisierte, marokkanisch gestaltete Zimmer, die auch genug Platz für Kinder bieten. Essen auf Vorbestellung. DZ 50–65 €.

133 [M8] **Dar Malak,** 20, Derb Assabane, Riad Laarouss, nördliche Medina, Tel. 0524 385 806, Mobil 0667 481936, www.darmalak.com. Die sympathischen Franzosen Eric und Rose Ruel kümmern sich persönlich um die Gäste ihres kleinen, hellen „Hauses der Engel" mit nur drei Zimmern und einer Suite. Der Künstler Eric stellt in einem Atelier seine Gemälde aus. Bemalte Stuckdecke, ansonsten minimalistische Gestaltung, kleiner Hammam, ruhige Lage, WLAN-Zugang im Haus, Essen auf Bestellung. Klimatisierte DZ 57 € inkl. Frühstück, 75 € für vier Pers., in der Hauptsaison plus 15 %.

134 [L7] **La Terrasse des Oliviers,** 79, Derb Derdouba Ahset Ihiri, Bab Doukkala, nördliche Medina, Tel./Fax 0524 387248, Mobil 0665 146451, www.terrasse-des-oliviers.com. Schönes, kleines Gästehaus in kräftigen Rot-

064ma Abb.: ad

tönen und mit verspielten Details, alte Architektur z. T. noch erhalten (Zedernholzdecken), offener Innenhof mit Wasserbassin und Olivenbäumen, tolle Dachterrasse voller Pflanzen. Freundliche, entspannte Atmosphäre. Suite 90–150 € inkl. Frühstück (je nach Saison).

135 [O13] **Riad Aladdin,** 7/8, Derb Touareg, Berrima, Place Ferblantiers, Tel. 0524-386425, www.riadaladdin.com. Sehr schöner Riad mit 17 individuell im Berberstil gestalteten, klimatisierten Zimmern, ideale Lage bei Place des Ferblantiers und Bahia Palast. Von der großen, grünen Dachterrasse mit Sonnenliegen lässt sich herrlich der allabendliche Flug der Störche zu ihren Nestern auf den Mauern des El Badi Palastes beobachten. DZ ab 72 €.

▲ *Das Riad Noga lässt keine Wünsche offen*

136 [M6] **Riad Al Jazira,** 8, Derb Mayara, nahe Zaouia Sidi Ben Slimane, nördliche Medina, Tel. 0524 42 64 63 (Marrakech Riads), www.riadaljazira.com. Dieses elegante, minimalistisch dekorierte und ganz in Weiß gehaltene Maison d'Hôtes aus drei zusammengeschlossenen Hofhäusern scheint einem Designmagazin entsprungen zu sein. Intime, ruhige Atmosphäre, Dinner auf Bestellung auf der großen Dachterrasse, Hammam, kleiner quadratischer Pool in einem der drei Patios. DZ mit Frühstück ab 90 €.

137 [K8] **Riad Fatinat,** 61, Arset Aouzel, Bab Doukkala, Tel. 0524 377882, www.fatinat-marrakech.com. Dieser schöne Riad unter deutscher Leitung mit zwei Suiten und drei Zimmern ist romantisch-orientalisch und farbenfroh gestaltet. Mit Hammam und großer Dachterrasse mit Ausblick. DZ 90–140 €, Suite 125–190 € (je nach Saison).

138 [M8] **Riad Lena,** 8, Derb el Hammam (kein Türschild), Riad Laarouss, nördliche Medina, Tel. 0661 280279 (mobil), www.riadlena.com. Sehr schönes, in sanften Farben und mit Leinen gestaltetes Haus. Kleines Poolbecken im Innenhof, chillige Dachterrasse mit schattigen Sitzecken und Restaurant (Alkoholausschank). 11 nach Gewürzen benannte Zimmer und große Suiten für bis zu 4 Pers., angenehmer Kaminsalon im EG. DZ/Suite ab 96 € inkl. Frühstück (saisonabhängig).

139 [P11] **Riad Noga,** 78, Derb Jdid, Douar Graoua, südliche Medina, Tel. 0524 377670, 385846, www.riadnoga.com. Vom Djamâa el-Fna auf Derb Dabbachi nach Osten, nach der Kreuzung mit der Rue Kennaria die vierte Gasse rechts runter (ca. 10 Min. Fußmarsch). Das Riad Noga (unter deutscher Führung) ist eine Oase der Ruhe inmitten der Medina! Zwei wundervoll renovierte Stadthäuser mit kühlem Innenhof. Im grünen Patio des ersten Hauses mit Orangenbäumen

kann man in der Polsterecke in Marokkobüchern schmökern. Im erdroten Patio nebenan befindet sich ein erfrischender Pool. Sieben individuell eingerichtete, hübsche DZ unterschiedlicher Größe mit Bad, Heizung/Klimaanlage, Sat-TV/DVD, z. T. mit offenem Kamin, Internet verfügbar. Sehr gutes Frühstück und Dinner (auf Bestellung, Alkoholausschank) auf der herrlichen Dachterrasse mit Ausblick, Wellness- und Ausflugsprogramm, DZ/Suite 150–235 € (saisonabhängig), Reservierung notwendig!

140 [K8] **Riad Sahara Nour,** 118, Derb Dekkak, Bab Doukkala, nördliche Medina, www.riadsaharanour-marrakech.com, Tel. 0524 376570. Kulturelles Begegnungszentrum und Gästehaus mit fünf Zimmern. Arab. Kalligrafiekurse für Gäste möglich. Zwei große, helle Suiten und zwei kleine Zimmer auf der Dachterrasse (kein Blick), alle hübsch individuell gestaltet. Sonniger Innenhof mit Zitrus- und Olivenbäumen. Der engagierte Besitzer François will den Dialog zwischen den Kulturen fördern (s. S. 39). DZ inkl. Frühstück 65 €, Suite ab 105 € (je nach Saison), 10 % Rabatt für Leser dieses Buches!

Oberklasse

141 [L8] **Noir d'Ivoire,** 31–33, Derb Jdid (kein Türschild), Bab Doukkala, nördliche Medina, Tel. 0524 380975, www.noir-d-ivoire.com.com. Dieser wahrhaft elegante Riad im lebhaften Bab-Doukkala-Viertel wurde ganz in Erdfarben und Schwarz gehalten und ist eine der Top-Adressen der Stadt. Es gibt einen Hammam, Massage- und Fitnessraum, Salons mit kleiner Bibliothek sowie eine Boutique mit Produkten lokaler Designer. Die sechs Zimmer mit Tadelakt-Bädern und drei großen Suiten mit Jacuzzi und Privatterrasse sind individuell und stilvoll gestaltet. Einmalig in Marrakesch: ein eigener Weinkeller mit einer internationalen Auswahl an edlen Tropfen. Suite 180–395 €.

142 [O8] **Riad Farnatchi,** Derb el Farnatchi, Rue Souk el Fassis, Qua'at Ben Ahid, nördliche Medina, Tel. 0524 384910/12, www.riadfarnatchi.com. Dieser traumhafte Riad aus mehreren miteinander verbundenen Häusern des 16. Jh. und liegt mitten in der Medina in direkter Nachbarschaft zur Medersa Ben Youssef. Die neun stilvoll gestalteten Suiten mit mehreren Räumen sind z. T. größer als eine Stadtwohnung und bedienen alle Ansprüche: Kamin, Tadelakt-Wände und -Böden, Sat-TV, DVD, WLAN und Privatterrasse. Architektonische Highlights sind der Mosaikbadebrunnen im ersten Innenhof und der Speisesalon mit

065ma Abb.: ad

▶ *Hübscher Innenhof des Riad Lena in der nördlichen Medina*

066ma Abb.: ad

Rankenrelief bis zur Decke und thronartigen Ledersesseln – das Essen selbst ist leider nur mittelmäßig. Die Kanadierin Lynn Paris kümmert sich persönlich um die Gäste und gibt Tipps für alle Belange, das Personal spricht Englisch. Suite ab 310 € inkl. Tee/Kaffee/Wasser/Gebäck, Hammam, Airporttransfer u.a. Im August geschlossen.

143 [M8] **Riad Lotus Privilège,** 9, Derb Sidi Ali Ben Hamdouche, nördliche Medina, www.riadslotus.com, Tel. 0524 431537. Der Name ist Programm: perfekter englischsprachiger Service in schwarzen Anzügen, Unterbringung in fünf großzügigen Salons mit Farbmotto, Baldachinbett, großem Kamin und Multimediaausrüstung von Bang & Olufsen, DVD-Großleinwand sowie WLAN im ganzen Haus. Der wirklich extravagante Riad mit viel schwarzem Marmor, Art déco und orientalischen Elementen wurde von Innenarchitekt Antoine van Doorne designt. Nicht verpassen sollte man die hervorragenden Haute-Cuisine-Kreationen des bei einem Sternekoch gelernten Küchenchefs Khalid Lihyaoui (6-Gänge-Dinner), Alkoholausschank. Suite ab 260 €.

144 [O10] **Riyad el Cadi,** 87, Derb Moulay Abedelkader, Dabbachi, nördliche Medina, Tel. 0524 378655, www.riyadelcadi.com. Dieses edle Gästehaus besteht aus sieben miteinander verbundenen Hofhäusern mit 14 komfortablen Zimmern oder Suiten. Das Ensemle wurde ursprünglich vom ehemaligen deutschen Botschafter in Rabat, Dr. Herwig Bartels, eingerichtet, heute steht es unter Führung seiner Tochter Julia Bartels. Das Haus mit exquisitem Designerinterieur überzeugt durch einen gewissen Minimalismus und ist gleichermaßen ein Museum für Sammelstücke, z. B. alte Berbertextilien und eine Galerie orientalischer Textilien aus dem osmanischen Reich (15.–17 Jh.). Hammam, kl. Pool, Innengarten, WLAN und großzügige Terrassen. DZ ab 140 €, Suite ab 250 € (je nach Saison).

▲ *Im luxuriösen Riad Noir d'Ivoire*

Verhaltenstipps

Umgang mit Bettlern

Auch in Marrakesch begegnen Touristen täglich der Armut: Alte gebrechliche Frauen und Männer betteln vor den Eingängen einer Moschee, Mütter sitzen mit kleinen Kindern auf dem Schoß auf dem Gassenboden, ein Junge führt seinen blinden Großvater mit offener Hand durch die Gegend, sechsjährige Knirpse verkaufen Kekse auf der Straße. Das Almosengeben ist eine **muslimische Pflicht** und so kann man regelmäßig Marokkaner beobachten, die Bettlern etwas zustecken.

Auch als Tourist kann man Gutes tun, indem man gelegentlich ein oder zwei Dirham, Datteln oder ein Stück Brot an Arme verschenkt. Es ist jedoch sehr wichtig, nicht wahllos Geld ohne Gegenleistung zu verteilen, sondern **nur gezielt an wirklich Bedürftige!** Unangebrachte Mitleidsspenden an bettelnde Kinder führen mittelfristig dazu, dass Touristen von schreienden, aggressiven Kinderhorden verfolgt und die Kleinen statt zur Schule zum Bettteln geschickt werden.

Einladungen

Einer Einladung auf einen „whiskey berbère“, den süßen grünen Tee mit frischen Minzblättern, kann man in Marokko kaum entkommen. Es muss nicht jedes **Teeangebot eines Souvenirhändlers** angenommen werden, aber bei ernstgemeinten Einladungen ergeben sich interessante Kontakte und Gespräche.

Bei einer **privaten Einladung** zum Essen sind kleine Gastgeschenke und Fotos aus Europa willkommen. Man isst auf Polstern auf dem Boden sitzend, nur mit der rechten Hand, die linke gilt als unrein. Die Schuhe werden ausgezogen und man sollte den Gastgebern nicht die Fußsohlen entgegenstrecken. Nehmen Sie sich Zeit, denn bis der Hauptgang serviert wird, können Stunden vergehen.

Schlepper und Nepper

Ein freundlicher junger Mann, der einem den Weg zurück zum Djâmaa el Fna zeigt – mit Abstecher in den Gewürzladen des Cousins. Ein Brief aus Deutschland, der dringend einen Übersetzer sucht – im Souvenirladen von Mohamed. Die Marokkaner sind einfallsreich und so gibt es unzählige Tricks, Touristen in einen Verkaufsladen zu locken und möglichst nicht mehr rauszulassen. Eine **gesunde Portion Misstrauen** gehört dazu, wenn man sich nicht ständig zwischen Souvenirs wiederfinden möchte.

Ebenso verhält es sich mit touristischen Einrichtungen: Aussagen wie „Hotel/Restaurant/Sehenswürdigkeit XY hat geschlossen“ sind meistens erfunden, um den Besucher zu einem anderen Haus zu führen, bei dem der Schlepper anschließend eine Provision erhält (vgl. „Stadttouren und Stadtführer“).

Religiöse Stätten

Der Zutritt ins Innere von Moscheen, Zaouias und Marabouts ist **für Nicht-Muslime verboten.** Auch das Fotografieren von Betenden oder Gläubigen bei der rituellen Waschung – etwa durch den Eingang einer Moschee – ist unangebracht.

Trinkgeld

In Restaurants erhält der **Kellner,** sofern er einen freundlich bedient hat, was nicht immer selbstverständlich ist, ein paar Dirham Trinkgeld. In manchen Touristenrestaurants mit großem Durchlauf kann es schon mal vorkommen, dass die Bedienung ihr Trinkgeld eigenmächtig auf die Rechnung schlägt. In diesem Fall sollte man reklamieren und so viel geben, wie man es für angemessen hält.

Für **Kofferträger** in großen Hotels sind etwa 5–10 DH Trinkgeld angemessen. Auch **ehrliche Taxifahrer**, die das Taxamter einschalten, haben eine kleine Belohnung verdient und man rundet die Summe um etwa 2 DH auf.

067ma Abb.: ad

Verkehrsmittel

Petit und Grand Taxi

Bei den **beigen Petits Taxis** (für bis zu drei Passagiere), die in der Stadt und bis zum Flughafen verkehren, können die Fahrer in **drei Typen** eingeteilt werden: die ehrlichen, die fairen und die Abzocker. Der **ehrliche Taxifahrer** schaltet beim Einsteigen des Gastes sein Taxameter *(compteur)* ein, sodass die Fahrt 6 bis 15 DH kostet. Ein Trinkgeld von ein paar Dirham ist in diesem Fall angemessen. **Faire Chauffeure** verlangen einen Pauschalpreis von 10–25 DH für die Stadtfahrt. Der **Abzocker** – leider eine wachsende Gruppe – versucht's mit Preisen zwischen 40 und 150 DH.

Daher gilt: Den **Preis immer vor dem Einsteigen vereinbaren,** gerade wenn der Taxifahrer die Frage nach dem Preis scherzhaft-charmant mit „Ça coute un million Euro ..." auf später verschieben möchte.

Ein **Grand Taxi** (Mercedes-Limousine) nimmt bis zu fünf Passagiere mit und darf auch außerhalb des Stadtgebiets verkehren, z. B. für Ausflüge. Sie sind teurer als Petits Taxis (ca. 50 DH in der Stadt, 100 DH in die Palmeraie (20)). Wenn man sich ein Fahrzeug bis zu einem bestimmten Ziel als **Sammeltaxi** mit anderen (marokkanischen) Passagieren teilt, verringert sich der Fahrpreis entsprechend.

› **Offizielle Tarife:** 1,60 DH Grundpreis, 6 DH Mindesttarif, 0,22 DH pro gefahrene 100 m, Nachttarif (20–6 Uhr) plus 50 %.

◀ *Grand Taxis fahren auch außerhalb des Stadtgebiets*

068ma Abb.: ad

› **Taxistände:** Petits Taxis sind im ganzen Stadtzentrum unterwegs. Haltestellen für Grands Taxis (Sammeltaxis) befinden sich z. B. gegenüber dem Place de Foucault [M11] sowie beim Gare Routière [J7] entlang der Stadtmauer nördlich des Bab Doukkala.

Stadtbusse

Die öffentlichen Stadtbusse (ALSA) sind das billigste Fortbewegungsmittel in Marrakesch. Routen und Fahrpläne sind für Ausländer allerdings **ziemlich undurchschaubar.** Ein Mann in blauer Uniform an der Bushaltestelle beim Place Foucault erteilt aber Auskünfte. Eine Haupthaltestelle befindet sich beim Place Foucault/ Arset el-Bilk [M11] zwischen Djamâa el-Fna und Kutubiya-Moschee (Fahrpreis: 5 DH). Zwischen Neu- und Altstadt sowie zur Palmeraie verkehrt auch ein roter Doppeldeckerbus für Touristen (s. S. 100).

› **Linien 1–11:** Alle Linien (außer 6 und 9) fahren über die Neustadt (Av. Mohammed V.).
› **Linien 4 und 12** fahren zum Jardin Majorelle 17.
› **Linien 3 und 10** fahren zum Bab Doukkala [J8].
› Die **Linien 4, 5, 12** verkehren zum Gare Routière (Busbahnhof), die **Linie 11** zu den Menara-Gärten 18 in die Nähe des Flughafens.
› Die **Linien 3** und **8** fahren vom Bahnhof ins Stadtzentrum.
› Die **Linie 15** fährt in das Gewerbeviertel Sidi Ghanem (s. S. 23).
› Die **Linie 19** fährt halbstündlich vom Flughafen zum Busbahnhof und zum Place Foucault (Djamâa el-Fna).
› Die **Linie 36** fährt von der Haltestelle an der Südseite der Kutubiya in die Palmeraie 20.

▲ *Besonders romantisch: mit der Kutsche (Calèches) durch die Stadt (s. S. 114)*

Pferdekutschen (Calèches)

Die grünen Pferdedroschken *(Calèches)* mit ihren goldenen Laternen und schattenspendender Markise sind in Marrakesch allgegenwärtig und werden von Marrakchis wie Touristen gerne genutzt. Das sicher **romantischste Verkehrsmittel der Stadt** bietet Platz für vier Personen. Es sind sowohl Rundfahrten als auch einfache Fahrten möglich. **Haltestellen** befinden sich z.B. am Place de Foucault [M11], beim Place de la Liberté [I9] Richtung Hivernage, am Westende der Kutubiya-Gärten nahe dem Hotel La Mamounia Palace (s.S.105) und beim Jardin Majorelle 18.

Der offizielle **Preis** für eine Stunde Fahrt beträgt 90 DH – das interessiert die Kutschfahrer allerdings nur wenig. Meist werden mindestens 100 DH für eine einfache Strecke unabhängig von der gefahrenen Zeit verlangt – daher hart verhandeln! Der ausgehandelte Preis gilt für die ganze Kutsche, also für max. vier Personen.

Versicherungen

Die europäische Krankenkasse übernimmt keine Leistungen bei einem Krankheitsfall in Marokko. Der Abschluss einer **Auslandsreisekrankenversicherung** für den Zeitraum des Aufenthalts ist daher dringend empfohlen! Die Versicherung sollte einen Rücktransport ins Heimatland bei medizinischer Notwendigkeit enthalten. Die Behandlungskosten beim Arzt sind in der Regel vorab bar zu zahlen. **Ausführliche Quittungen** (mit Datum, Namen, Bericht über Art und Umfang der Behandlung, Kosten der Behandlung und Medikamente) sind unabdingbare Voraussetzung, damit die Auslagen von der Versicherung erstattet werden.

Eine Reiserücktrittskosten- oder Reisegepäckversicherung lohnt sich für einen kurzen Städtetripp nicht.

Wetter und Reisezeit

In Marrakesch ist es **fast ganzjährig sonnig,** mit heißen Sommern und milden Wintern. Gelegentliche Regenfälle sind zwischen November und März zu erwarten. Für Hitzeempfindliche ist der **Sommer** (Juni, Juli, August) eher ungeeignet, denn in dieser Zeit kann das Thermometer schon mal auf über 40 °C steigen (28 °C Durchschnittstemperatur im Juli/August). Im **Winter (Dez./Jan.)** liegt das Temperaturmaximum bei 18 °C, nachts kann die Temperatur auf 5 °C sinken.

Ideale Reisezeiten sind demnach die nicht zu kühlen und gleichzeitig nicht zu heißen Monate im **Frühjahr** (März, April, Mai) und **Herbst** (September, Oktober). Bei zu dieser Zeit durchschnittlichen Tagestemperaturen von 20–25 °C lässt es sich gut aushalten, außerdem bietet sich an klaren Tagen die großartige Kulisse des verschneiten Hohen Atlas am Horizont.

Anhang

005ma Abb.: ad

Glossar

- **Agadir:** Vorratsspeicher, Festung
- **Aïn:** Quelle
- **Aït:** „abstammend von …“, zur Bezeichnung eines Berberstammes
- **Amaziren:** Berber
- **Arabeske:** Ornament/Verzierung aus Ranken- und Blumenmustern
- **Bab:** Stadttor
- **Babuschen:** Lederpantoffeln
- **Bordj:** Fort, Festung
- **Calèche:** Pferdekutsche
- **Chech:** langer Kopfschleier der Nomaden
- **Dayet:** kleiner See
- **Dar:** traditionelles Hofhaus ohne Garten
- **Djebel:** Berg
- **Derb:** Gasse
- **Djellabah:** Kapuzenübergewand
- **Funduq:** Herberge, Karawanserail
- **Gnaoua:** Musiker schwarzafrikanischen Ursprungs, Angehörige einer religiösen Bruderschaft
- **Hammam:** orientalisches Dampfbad
- **Igherm:** befestigter Speicher
- **Kasbah:** burgähnlicher Lehmkomplex der Berber in Südmarokko
- **Kefta:** würzige Fleischbällchen
- **Khaïma:** Nomadenzelt
- **Kissaria:** gedeckter Marktbereich
- **Ksar (pl. Ksour):** befestigte Lehmsiedlung der Berber
- **Marabout:** islamischer Gelehrter/Heiliger, auch Bezeichnung seiner Grabstätte
- **Maison d'Hôtes:** traditionell gestaltetes Gästehaus in der Medina oder einer Kasbah
- **Medersa:** Koranschule, theologische Hochschule
- **Medina:** orientalische Altstadt
- **Mellah:** Judenviertel
- **Minbar:** Gebetskanzel in der Moschee
- **Moulay:** hochgestellte Persönlichkeit, Angehöriger des Königshauses
- **Moussem:** Fest zu Ehren eines Heiligen (Marabout)
- **Oued:** periodisch austrocknender Flusslauf
- **Qoubba:** Grabstätte eines islamischen Gelehrten/Heiligen
- **Riad, Ryad:** arab. für Garten, trad. Hofhaus mit Garten bzw. begrüntem Innenhof
- **Souk, Suq:** Markt
- **Tadelakt:** dekorative, marokkanische Verputztechnik mit Kalkmaterial
- **Tajine, Tagine:** Bezeichnung für verschiedene marokk. Schmorgerichte, die im (gleichnamigen) Tongefäß mit konischem Deckel gegart werden
- **Tighremt:** burgähnlicher Lehmkomplex der Berber in Südmarokko
- **Tizi:** Pass
- **Ville Nouvelle:** von den Franzosen gegründete Neustadt
- **Zaouia:** Sitz einer religiösen Sekte, Bruderschaft, Ordens
- **Zelliges:** Mosaiken aus bunten Keramikfliesen

Kleine Sprachhilfe

Aussprache/Umschrift

Die folgende Auflistung soll helfen, Laute des marokkanischen Arabisch, die im Deutschen nicht existieren, annähernd richtig auszusprechen. Da eine einfache Handhabung angestrebt wird, müssen allerdings Zugeständnisse hinsichtlich der Differenzierung der Laute gemacht werden.

Damit man nicht die arabische Schrift lernen muss, bedient sich diese Sprachhilfe einer Umschrift, bei der in der Regel ein Zeichen einem arabischen Buchstaben entspricht.

Für einen tieferen Einstieg in die Sprache sei der Kauderwelsch-Band 77, „Marrokanisch-Arabisch – Wort für Wort“, aus dem Reise Know-How Verlag empfohlen.

Konsonanten

sh wie das deutsche „sch"
j stimmhaftes „sh" wie im franz. „Journal"
dj stimmloses „Dsch" wie in „Dschungel"
r ein rollendes Zungen-„r"
gh Zäpfenchen-„r" wie in Norddeutschland oder Frankreich
' Stimmabsatz, wie z. B. im Deutschen: „Vor'ab" oder „Neckars'ulm"
***** der in europäischen Sprachen nicht existierende Kehlkopfverschlusslaut 'Ain; es ist ein Würgelaut, der zur Folge hat, dass die folgenden Vokale dunkler gesprochen werden
s, t, d, z emphatische, gepresste Varianten von s, t, d und z; sie verdunkeln den folgenden Vokal
h wie im Deutschen, doch immer hörbar, wie z.B. in Betle**h**em
h stark gehauchter h-Laut (als ob man sich zum Wärmen der Finger in die Hände haucht)
ch wie in deutsch „Dach"
z stimmhaftes weiches „s" wie in deutsch „Rose"
q hinten im Rachen gebildetes kehliges „k" (wie im Tiroler Dialekt)
w wie in englisch „what", mit beiden Lippen gebildet
y wie im Deutschen das „j"

Die Konsonanten **b d g f k l m n s t** werden wie im Deutschen ausgesprochen und geschrieben. Doppelte Konsonanten werden deutlich länger ausgesprochen! Das Doppel-n im Deutschen (z.B. „rennen") entspricht im Marokkanischen einem einfachen Konsonanten.

Selbst- und Zwielaute

Ai, au wie im Deutschen. Unterscheiden muss man Kurzvokale (a ä e i o u) und Langvokale (â ê î ô û). Häufig ist der flüchtige Murmellaut **ë**, den es auch im Deutschen gibt: Gëbirgë, bëdankën etc.

Betonung

Langvokale werden immer betont! Man halte sich aber an die Daumenregel, dass in einem Wort ohne Langvokale üblicherweise die letzte Silbe betont wird, wenn ein Wort jedoch mit zwei Konsonanten aufhört, wird die vorletzte Silbe betont: *fëhë'mt* = ich habe verstanden, *lëntkällcm* = ich spreche. Ein Vokal am Ende eines Wortes wird niemals betont.

Wichtige Wörter und Redewendungen

Deutsch	Marokkanisch	Französisch
ja	*nâ*m, îye*	*oui*
nein	*lâ*	*non*
bitte	**afak, lla ichallëk*	*s'il vous plaît*
danke	*shukran*	*merci*
in Ordnung	*wachcha*	*d'accord*
viel, zu viel	*bzâf*	*beaucoup, trop*
wenig	*shwîya*	*(un) peu*
billig	*rëchîs*	*bon marché*
teuer	*ghâli*	*cher*
groß, alt	*kbîr*	*grand, agé*
klein, jung	*sghir*	*petit, jeune*
lang	*twêl*	*long*

Kleine Sprachhilfe

Deutsch	**Marokkanisch**	**Französisch**
kurz	*qsîr*	*court*
es gibt	*käyin*	*il y a*
es gibt nicht (kein)	*makäyinsh*	*il n'y a pas*
ich will	*bghît*	*je veux*
ich will nicht	*mabghîtsh*	*je ne veux pas*
ich brauche, ich muss	*chassni*	*il me faut*
geben Sie mir	*shibli, *âtinî*	*donnez-moi*
komm/kommt	*aji/ajiu*	*viens/venez*
verschwinde/t	*sirr/sirru*	*dégage/z la piste*
	(auch: *ba*d minni/ba*du minni*)	
schau/schaut	*shûf/shûfu*	*regarde/z*
ich bin Österreicher/in	*äna nemsâwi/nemsawîya*	*je suis Autrichien/ne*
ich bin Deutscher/-e	*äna almâni/almanîya*	*je suis Allemand/e*
ich bin Schweizer/in	*äna swîsri/swisrîya*	*je suis Suisse*
ich bin verheiratet	*äna mëmzuwwush*	*je suis marié/e*
ich bin nicht verheiratet	*äna mâshi mëmzuwwush*	*je ne suis pas marié/e*
gut	*mëziyân*	*bon*
schlecht	*chaib*	*mauvais/mal*
schön	*zwîn*	*beau/belle*
hässlich	*chaib, qbîh*	*laid*
wie viel (kostet das)?	*bschhâl (häd shi)?*	*combien (ça fait)?*
nichts	*wâlu*	*rien*
ich will nichts	*ma bghît wâlu*	*je ne veux rien*
Achtung!	*bâlak!*	*attention!*
Entschuldigung!	*smähli*	*éxcusez-moi*
Was hast du gesagt?	*shnu gulti*	*Qu'est-ce que tu as dit?*
Ich habe nicht verstanden	*ma fhëmtsh*	*je n'ai pas compris*
noch einmal bitte!	**ud min fadlëk*	*encore une fois*
so Gott will, hoffentlich	*in sha'allâh*	*ésperons-le*
im Namen Gottes	*bismillâh*	
gelobt sei Gott	*al hamdu lillâh*	

Begrüßung, Gespräch

Grüß Gott (höflich)	*as salâmu *alêkum*	*bonjour, bonsoir*
– Antwort:	*wa *alêkum as-salâm*	
wie geht's ?	*labâs, ki dêr* (m)	*comment ça va ?*
	ki dêra (w)	
– Antwort:	*labâs al-hamdu lillâh*	
guten Morgen	*sëbâh ël-chêr*	*bonjour*
guten Abend	*msa ël-chêr*	*bonsoir*
gute Nacht	*lêla sa*îida,tisbah *ala-chêr*	*bonne nuit*
Mahlzeit! Guten Appetit!	*bismillâh*	*bon appétit*
zum Wohl	*bisaha*	*à votre santé*
(beim Essen, nach dem Hammam)		
– Antwort:	*llah *tik ës-saha*	

auf Wiedersehen	*bëslâma, mâs:aläma*	*au revoir*
bitte (als Aufforderung)	*tfaddal* (m), *tfaddali* (w), *tfaddlu* (Mz)	*s'il vous plaît*

Hilfszeitwörter

ich habe	**andi*	*j'ai*
du hast	**andëk*	*tu as*
er hat	**andu*	*il a*
sie hat	**andha*	*elle a*
wir haben	**andna*	*nous avons*
ihr habt	**andkum*	*vous avez*
sie haben	**andhum*	*ils ont*

„Sein" wird in der Gegenwart nicht gebildet. „Haben" wird eigentlich umschrieben: als „bei mir ist" usw. (*and = bei + Possesivpronomen).

Zahlen

1	*wâhid*	*un*
2	*juj*	*deux*
3	*tlâta*	*trois*
4	*arb*a*	*quatre*
5	*chamsa*	*cinq*
6	*sëtta*	*six*
7	*sb*a*	*sept*
8	*tmaniya*	*huit*
9	*tës*ud*	*neuf*
10	**ashra*	*dix*
11	*hadâsh*	*onze*
12	*tnâsh*	*douze*
13	*tlätash*	*treize*
14	*ërb*atash*	*quatorze*
15	*chamstâsh*	*quinze*
16	*sëttâsh*	*seize*
17	*sb*atash*	*dix-sept*
18	*tamantâsh*	*dix-huit*
19	*ts*atâsh*	*dix-neuf*
20	**ishrîn*	*vingt*
30	*tlätîn*	*trente*
40	*ërb*în*	*quarante*
50	*chamsîn*	*cinquante*
60	*sëttîn*	*soixante*
70	*sbë*în*	*soixante-dix*
80	*tmanîn*	*quatre-vingts*
90	*tës*în*	*quatre-vingts-dix*
100	*mîyya*	*cent*
1000	*alf*	*mille*

www.reise-know-how.de

Unser Kundenservice auf einen Blick:

- Vielfältige Suchoptionen, einfache Bedienung
- Alle Neuerscheinungen auf einen Blick
- Schnelle Info über Erscheinungstermine
- Zusatzinfos und Latest News nach Redaktionsschluss
- Buch-Voransichten, Blättern, Probehören
- Shop: immer die aktuellste Auflage direkt ins Haus
- Versandkostenfrei ab 10 Euro (in D), schneller Versand
- Downloads von Büchern, Landkarten und Sprach-CDs
- Newsletter abonnieren, News-Archiv

Die Informations-Plattform für aktive Reisende

REISE KNOW-HOW online

Marokko individuell entdecken

Astrid Därr, Erika Därr

Marokko

Das Buch wendet sich in erster Linie an aktiv Reisende, die das Land auf eigene Faust kennen lernen wollen. Es bietet aber auch unternehmungslustigen Pauschalurlaubern mehr als die übliche Aufzählung von Sehenswürdigkeiten. Das Buch soll Wissen über das Land, seine Menschen und seine Besonderheiten vermitteln und damit optimal auf das, was den Reisenden unterwegs erwartet, vorbereiten.

Muriel Brunswig-Ibrahim

KulturSchock Marokko

Das Buch beschreibt die Denk- und Verhaltensweisen der Einwohner, erklärt die geschichtlichen, religiösen und sozialen Hintergründe, die zu diesen Lebensweisen führen, und bietet somit eine Orientierung im Dschungel des fremden Alltags. Familienleben, Moralvorstellungen und Anstandsregeln werden genauso erläutert wie Umgangsformen, religiöse Gebote oder Tischsitten. Davon abgeleitet werden Empfehlungen für den Reisealltag, z.B. beim Einkaufen und beim Umgang mit den Einwohnern des Gastlandes.

Wahid Ben Alaya

Marokkanisch-Arabisch – Wort für Wort

Marokko ist eine Märchenwelt voller Größe, Würde und Weisheit, wo alles seinen Widerhall im Mystischen findet. Dieser Kauderwelsch-Band vermittelt Marokkanisch-Arabisch ohne Vorkenntnisse der arabischen Schrift. Die Umsetzung in lateinische Buchstaben ermöglicht es, sofort mit dem Sprechen zu beginnen.

Reise Know-How Verlag, Bielefeld

Die Autorin

Diplom-Geografin **Astrid Därr** (geb. 1977) lebt als freie Reisejournalistin und Redakteurin südöstlich von München. Zusammen mit ihrer Mutter Erika Därr ist sie Autorin der bekannten Reiseführer „Marokko – Vom Rif zum Antiatlas" und „Agadir, Marrakesch und Südmarokko", erschienen bei Reise Know-How. Darüber hinaus schrieb sie für verschiedene andere Verlage weitere Bücher über Marokko und Afrika, die z. T. ins Englische und Französische übersetzt wurden, sowie zahlreiche Zeitschriftenartikel.

Astrid Därr ist seit ihrer frühesten Kindheit in ganz Afrika unterwegs. Das Fernweh wurde ihr in die Wiege gelegt – es verwundert daher nicht, dass sie seit ihrer Volljährigkeit jedes Jahr mehrere Wochen oder Monate abenteuerliche Reisen auf allen Kontinenten unternommen hat. Heute bereist sie Marokko mehrmals jährlich in Form von Trekking-, Auto- oder Rucksacktouren. Für den Veranstalter Hauser exkursionen (www.hauser-exkursionen.de) führt sie als Reiseleiterin u. a. durch Marokko.

› Mehr Infos zur Autorin: www.daerr.net

Schreiben Sie uns

Dieser CityTrip-Band ist gespickt mit Adressen, Preisen, Tipps und Infos. Nur vor Ort kann überprüft werden, was noch stimmt, was sich verändert hat, ob Preise gestiegen oder gefallen sind, ob ein Hotel, ein Restaurant immer noch empfehlenswert ist oder nicht mehr usw. Unsere Autoren sind zwar stetig unterwegs und erstellen alle zwei Jahre eine komplette Aktualisierung, aber auf die Mithilfe von Reisenden können sie nicht verzichten.

Darum: Schreiben Sie uns, was sich geändert hat, was besser sein könnte, was gestrichen bzw. ergänzt werden soll. Wenn sich die Infos direkt auf das Buch beziehen, würde die Seitenangabe uns die Arbeit sehr erleichtern. Gut verwertbare Informationen belohnt der Verlag mit einem Sprechführer Ihrer Wahl aus der über 220 Bände umfassenden Reihe „Kauderwelsch".

Bitte schreiben Sie an:
Reise Know-How Verlag Peter Rump GmbH, Postfach 140666, D-33626 Bielefeld, oder per E-Mail an: info@reise-know-how.de

Danke!

Danksagung

Für die Unterstützung meiner Arbeit vor Ort danke ich besonders Gaby Noack-Späth (Riad Noga).

Außerdem danke ich Prof. Dr. Anton Escher vom Geographischen Institut der Universität Mainz für das dem Cityatlas zugrunde liegende Kartenmaterial und diverse Informationen.

Latest News

Unter **www.reise-know-how.de** werden regelmäßig aktuelle Ergänzungen und Änderungen der Autoren und Leser zum vorliegenden Buch bereitgestellt.
Sie sind auf der Produktseite dieses CityTrip-Titels abrufbar.

Register

Register

Cityatlas

006ma Abb.: ad

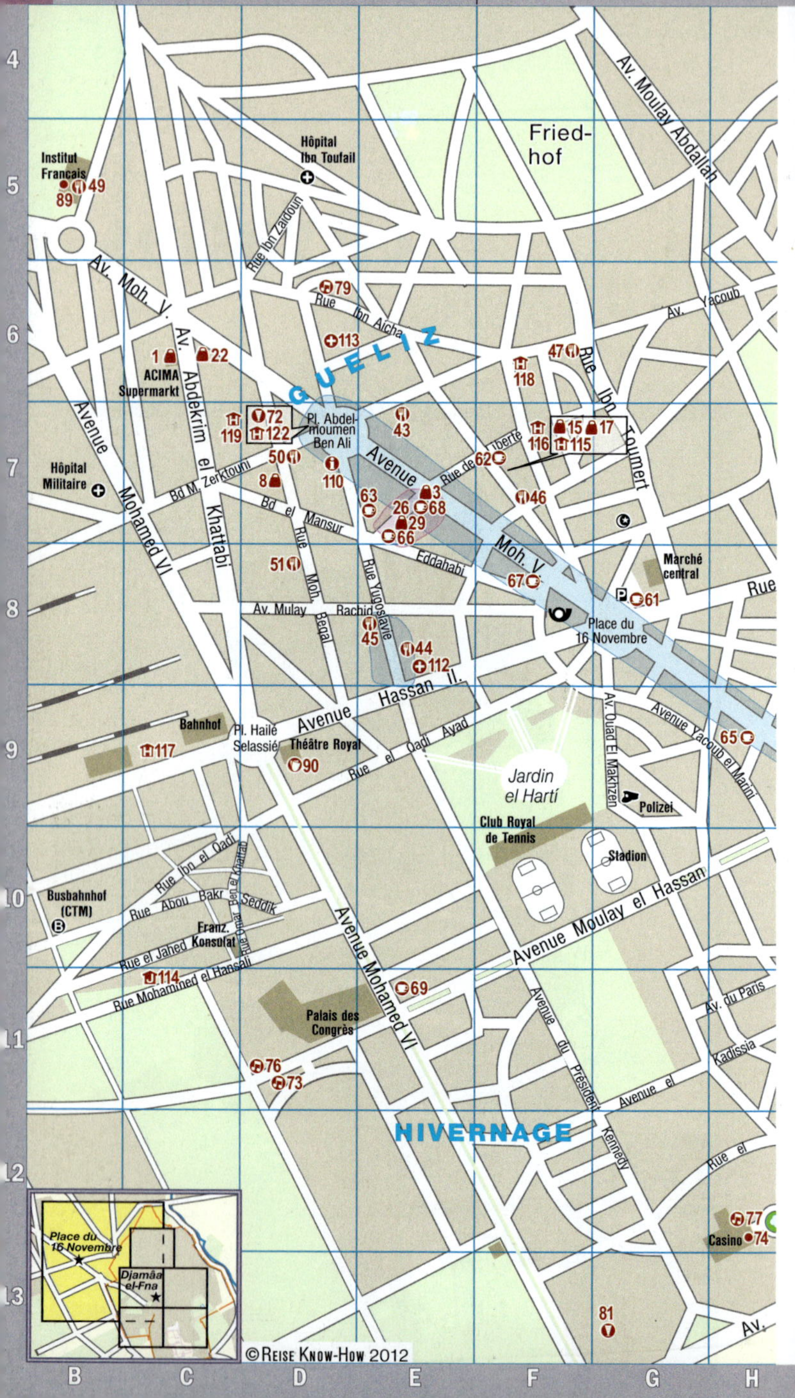
Institut Français
Hôpital Ibn Toufail
Friedhof
Av. Moulay Abdallah
Rue Ibn Zaidoun
Av. Moh. V
Rue Ibn Aicha
GUELIZ
Av. Yacoub
Rue Ibn Toumert
ACIMA Supermarkt
Av. Abdekrim el Khattabi
Avenue Mohamed VI
Pl. Abdel-moumen Ben Ali
Avenue Moh. V
Rue de Liberté
Hôpital Militaire
Bd M. Zerktouni
Bd el Mansur Eddahabi
Rue Moh Beqal
Rue Yugoslavie
Marché central
Av. Mulay Rachid
Place du 16 Novembre
Rue
Bahnhof
Pl. Haile Selassié
Avenue Hassan II.
Théâtre Royal
Rue el Qadi Ayad
Avenue Yacoub el Marini
Av. Ouad El Makhzen
Jardin el Hartí
Polizei
Club Royal de Tennis
Stadion
Busbahnhof (CTM)
Rue Ibn el Qadi
Rue Abou Bakr Seddik
Rue Omar Ben el Khattab
Franz. Konsulat
Rue el Jahed
Rue Mohammed el Hansali
Avenue Mohamed VI
Avenue Moulay el Hassan
Palais des Congrès
Avenue du Président Kennedy
Av. du Paris
Kadissia
Avenue el
HIVERNAGE
Rue el
Casino
Av.
Place du 16 Novembre
Djamâa el-Fna
©Reise Know-How 2012

☐ Legende Seite 142

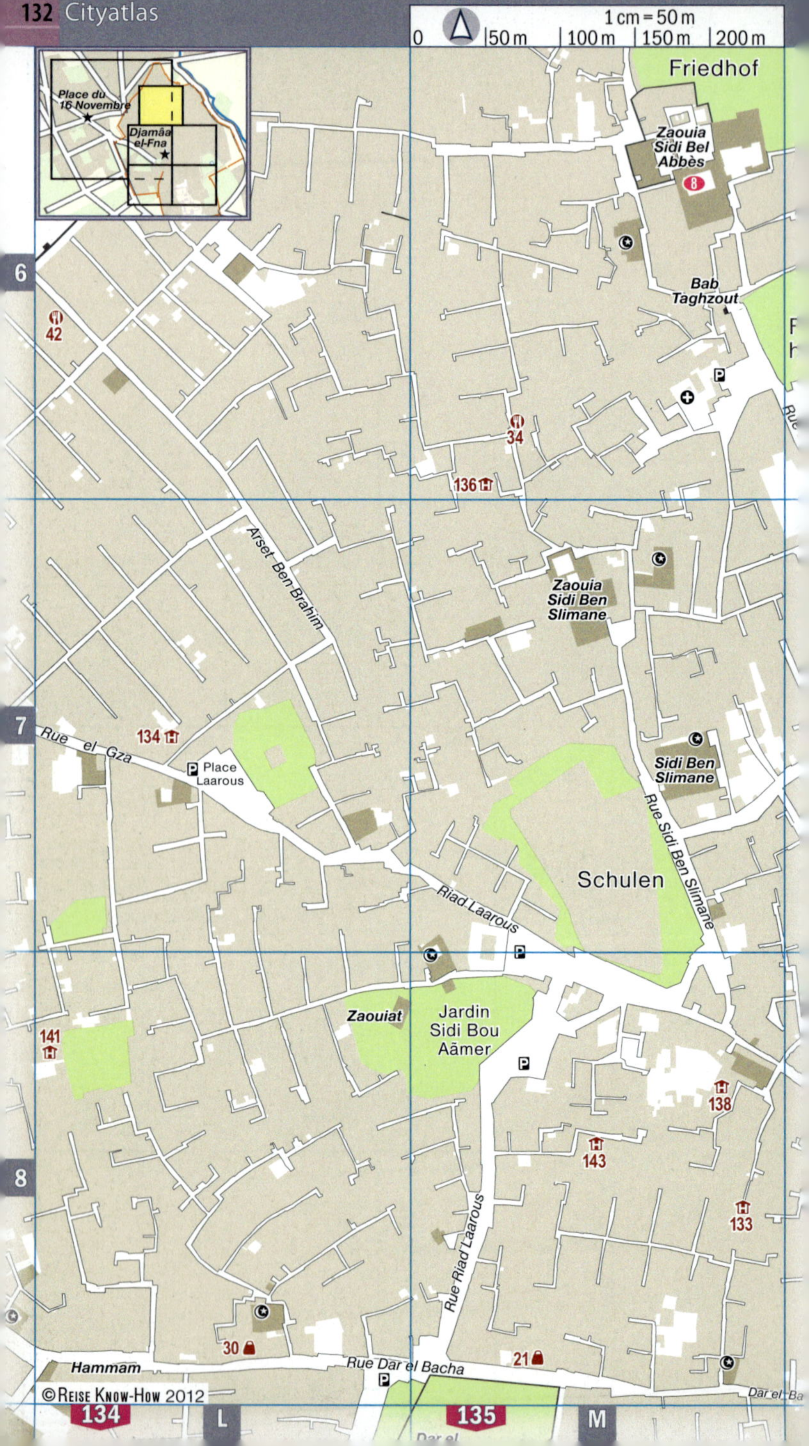
0
50 m
100 m
150 m
200 m
1 cm = 50 m
Place du 16 Novembre
Djamâa el-Fna
Friedhof
Zaouia Sidi Bel Abbès
8
Bab Taghzout
42
34
136
Arset Ben Brahim
Zaouia Sidi Ben Slimane
Sidi Ben Slimane
Rue el Gza
134
Place Laarous
Schulen
Rue Sidi Ben Slimane
Riad Laarous
Zaouiat
Jardin Sidi Bou Aãmer
141
138
143
133
Rue Riad Laarous
30
21
Hammam
Rue Dar el Bacha
Dar el Ba
6
7
8
L
M

134
135

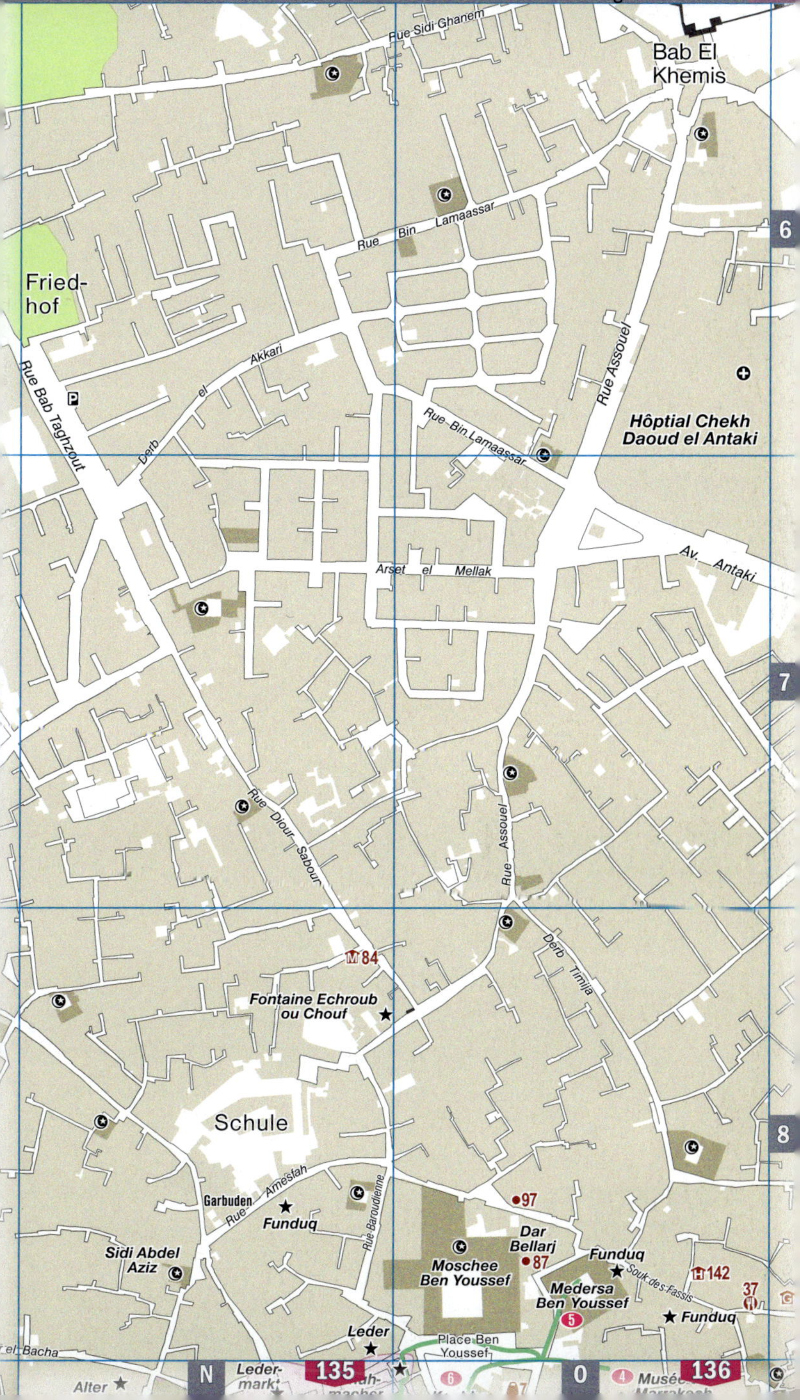
Rue Sidi Ghanem
Bab El Khemis
Rue Bin Lamaassar
Fried-hof
Rue Bab Taghzout
Derb el Akkari
Rue Assouel
Rue Bin Lamaassar
Hôptial Chekh Daoud el Antaki
Av. Antaki
Arset el Mellak
Rue Diour Sabour
Rue Assouel
Derb Tinija
84
Fontaine Echroub ou Chouf
Schule
Garbuden
Rue Amesfah
Funduq
Rue Baroudienne
97
Dar Bellarj
87
Sidi Abdel Aziz
Moschee Ben Youssef
Funduq
Souk des Fassis
142
37
Medersa Ben Youssef
5
Funduq
Leder
Place Ben Youssef
el Bacha
Alter
N
Leder-markt
135
6
O
4
Musée
136
6
7
8

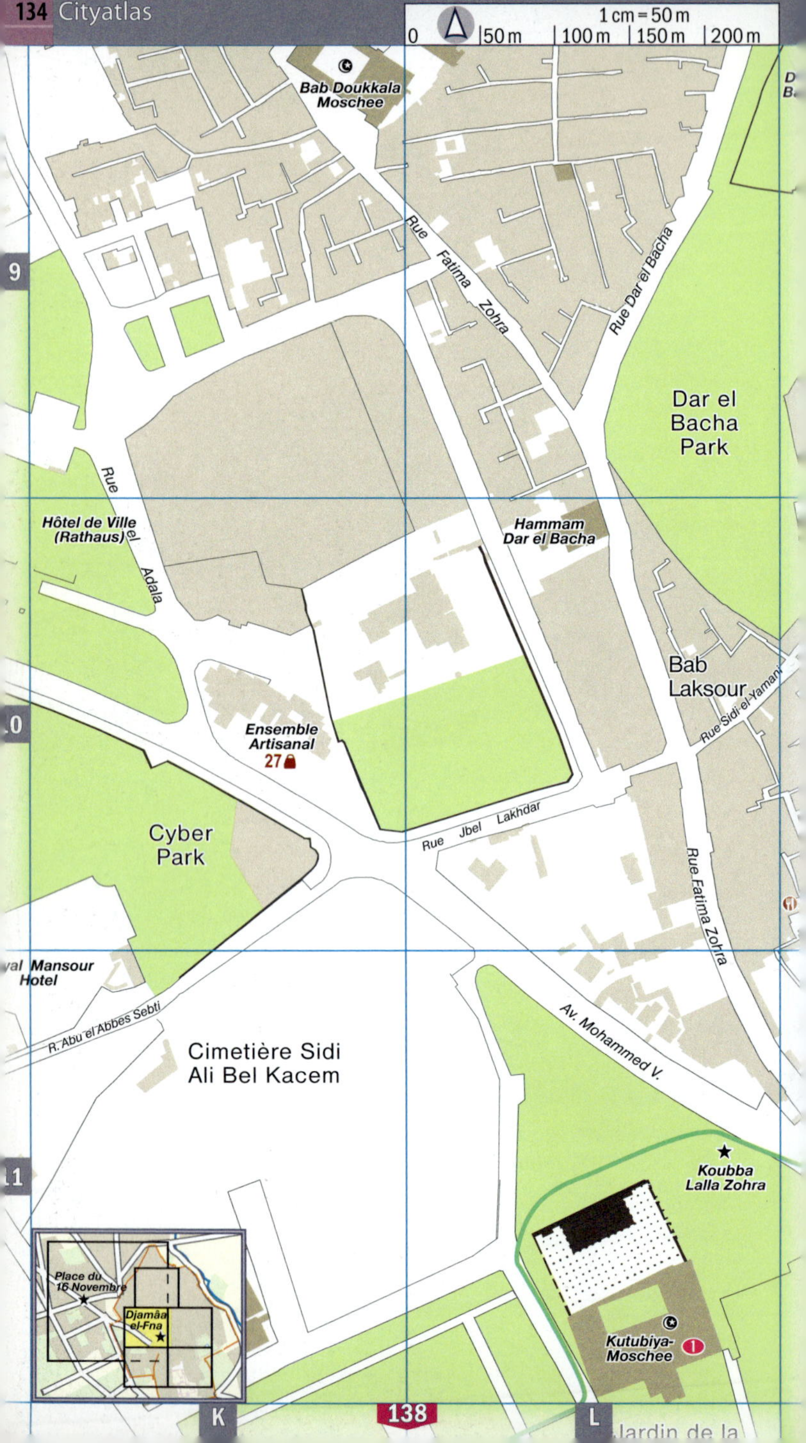
1 cm = 50 m
0
50 m
100 m
150 m
200 m
Bab Doukkala Moschee
Rue Fatima Zohra
Rue Dar el Bacha
Dar el Bacha Park
Rue el Adala
Hôtel de Ville (Rathaus)
Hammam Dar el Bacha
Bab Laksour
Rue Sidi-el-Yamani
Ensemble Artisanal
27
Cyber Park
Rue Jbel Lakhdar
Rue Fatima Zohra
Mansour Hotel
R. Abu el Abbes Sebti
Av. Mohammed V.
Cimetière Sidi Ali Bel Kacem
Koubba Lalla Zohra
Kutubiya-Moschee
1
Place du 16 Novembre
Djamâa el-Fna
9
10
11
K
L
Jardin de la

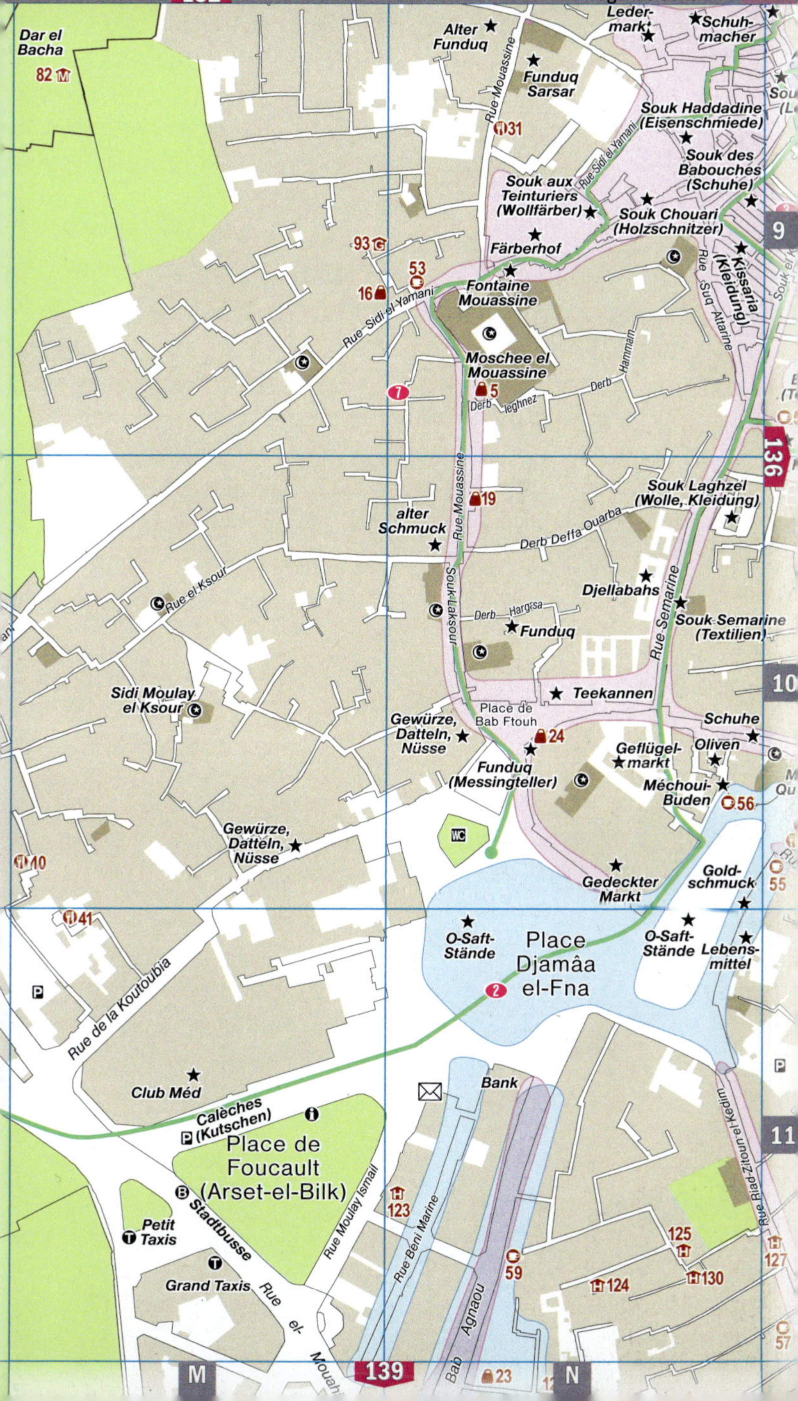
132
Dar el Bacha
82
Alter Funduq
Funduq Sarsar
Leder-markt
Schuh-macher
Souk Haddadine (Eisenschmiede)
Souk des Babouches (Schuhe)
Souk aux Teinturiers (Wollfärber)
Souk Chouari (Holzschnitzer)
Färberhof
Rue Mouassine
Rue Sidi el Yamani
31
93
53
16
Fontaine Mouassine
Moschee el Mouassine
5
7
Derb Ieghnez
Derb Hammam
Kissaria (Kleidung)
Rue Souq Attarine
9
136
19
alter Schmuck
Rue Mouassine
Souk Laghzel (Wolle, Kleidung)
Derb Defla Ouarba
Rue el Ksour
Souk Laksour
Derb Hargasa
Funduq
Djellabahs
Rue Semarine
Souk Semarine (Textilien)
Teekannen
10
Sidi Moulay el Ksour
Place de Bab Ftouh
Gewürze, Datteln, Nüsse
24
Funduq (Messingteller)
Schuhe
Oliven
Geflügel-markt
Méchoui-Buden
56
WC
Gewürze, Datteln, Nüsse
10
Gedeckter Markt
Gold-schmuck
55
41
O-Saft-Stände
Place Djamâa el-Fna
2
O-Saft-Stände
Lebens-mittel
P
Rue de la Koutoubia
Club Méd
Bank
P
Calèches (Kutschen)
Place de Foucault (Arset-el-Bilk)
Rue Riad-Zitoun el-Kedim
11
Stadtbusse
Rue Moulay Ismail
123
Rue Beni Marine
125
127
59
130
124
Petit Taxis
Grand Taxis
Rue el-Mouah
Agnaou
Bab
57
M
139
23
N

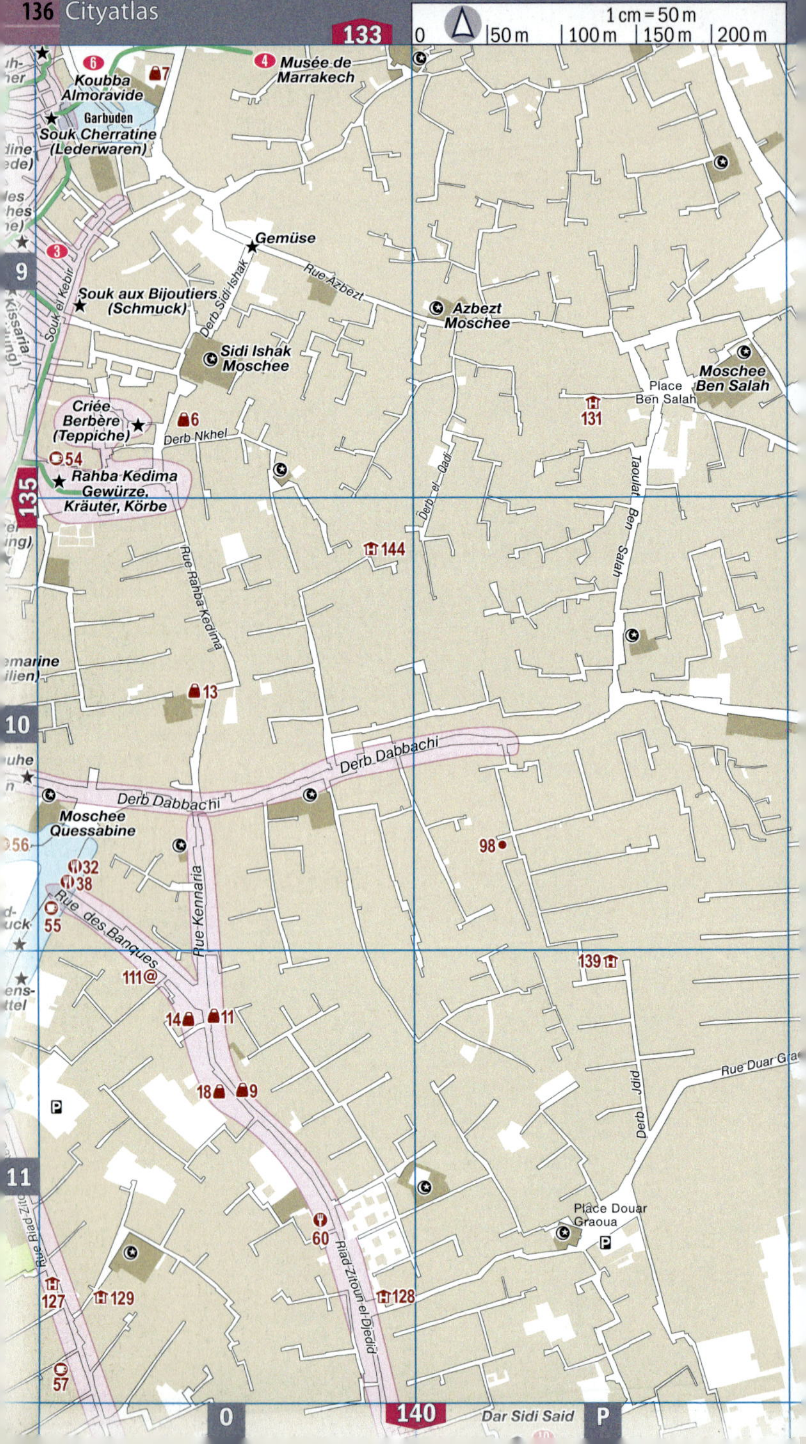
133
1 cm = 50 m
0 | 50 m | 100 m | 150 m | 200 m
Musée de Marrakech
Koubba Almoravide
Garbuden
Souk Cherratine (Lederwaren)
Gemüse
Rue Azbezt
Souk aux Bijoutiers (Schmuck)
Souk el Kebir
Derb Sidi Ishak
Azbezt Moschee
Sidi Ishak Moschee
Moschee Ben Salah
Place Ben Salah
131
Criée Berbère (Teppiche)
6
Derb Nkhel
54
Rahba Kedima Gewürze, Kräuter, Körbe
135
Derb el Qadi
Taoulat Ben Salah
144
Rue Rahba Kedima
13
Derb Dabbachi
Derb Dabbachi
Moschee Quessabine
98
32
38
55
Rue des Banques
Rue Kennaria
139
111
14
11
Rue Duar Gra
18
9
Derb Jdid
60
Riad Zitoun el Djedid
Place Douar Graoua
Rue Riad Zitoun
127
129
128
57
9
10
11
0
140
Dar Sidi Said
P

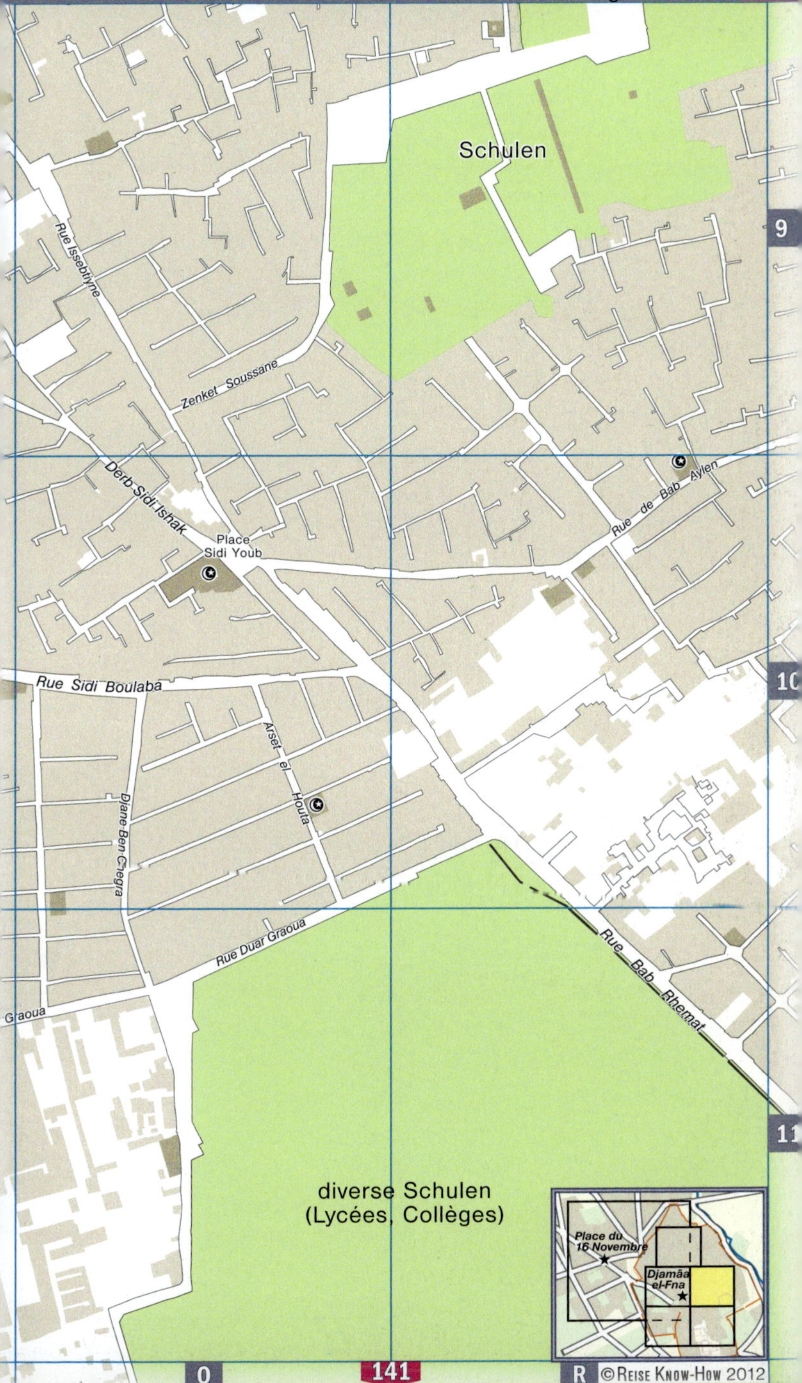
Schulen
9
Rue Issebtiyne
Zenket Soussane
Derb Sidi Ishak
Place
Sidi Youb
Rue de Bab Aylen
Rue Sidi Boulaba
10
Arset el Houta
Djane-Ben-Chegra
Rue Duar Graoua
Graoua
Rue Bab Rhemat
11
diverse Schulen
(Lycées, Collèges)
Place du
16 Novembre
Djamâa
el-Fna
Q
R

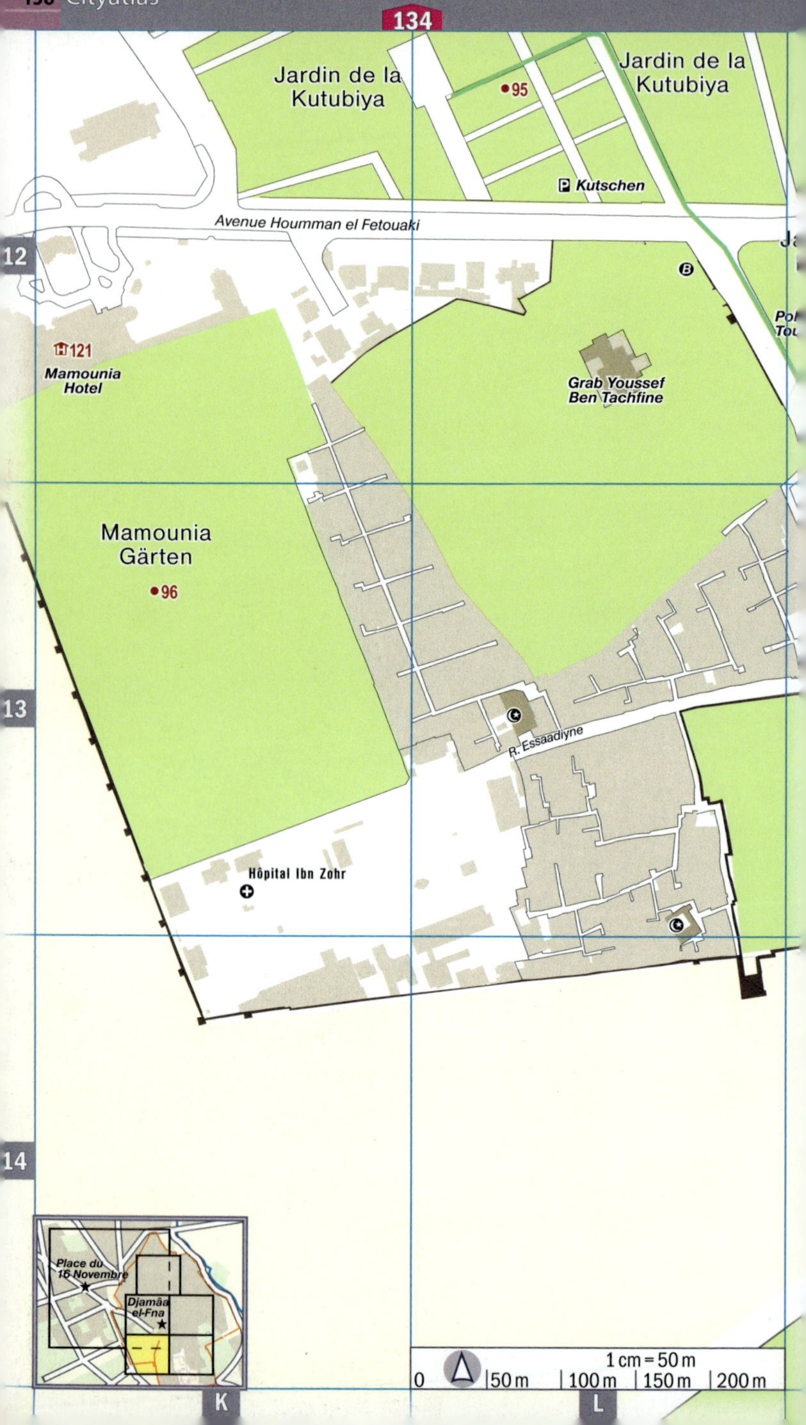
134
Jardin de la Kutubiya
95
Jardin de la Kutubiya
Kutschen
Avenue Houmman el Fetouaki
12
121
Mamounia Hotel
Grab Youssef Ben Tachfine
Mamounia Gärten
96
13
R. Essaadiyne
Hôpital Ibn Zohr
14
Place du 16 Novembre
Djamâa el-Fna
1 cm = 50 m
0
50 m
100 m
150 m
200 m
K
L

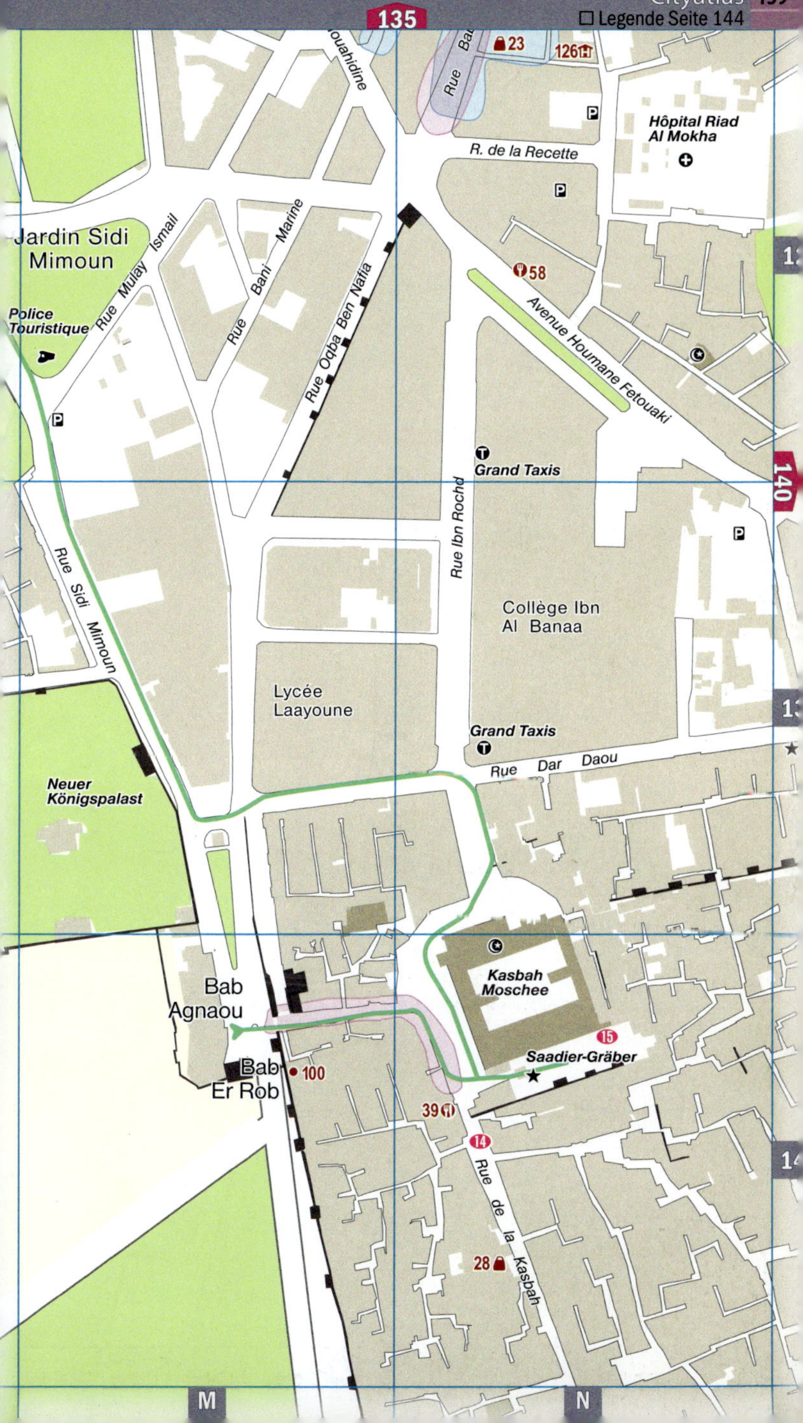
135
Rue Bab
23
126
Hôpital Riad Al Mokha
R. de la Recette
Jardin Sidi Mimoun
Police Touristique
Rue Mulay Ismail
Rue Bani Marine
Rue Oqba Ben Nafia
58
Avenue Houmane Fetouaki
Grand Taxis
Rue Ibn Rochd
140
Rue Sidi Mimoun
Collège Ibn Al Banaa
Lycée Laayoune
Grand Taxis
Rue Dar Daou
Neuer Königspalast
Kasbah Moschee
Bab Agnaou
15
Saadier-Gräber
Bab Er Rob
100
39
14
Rue de la Kasbah
28
M
N

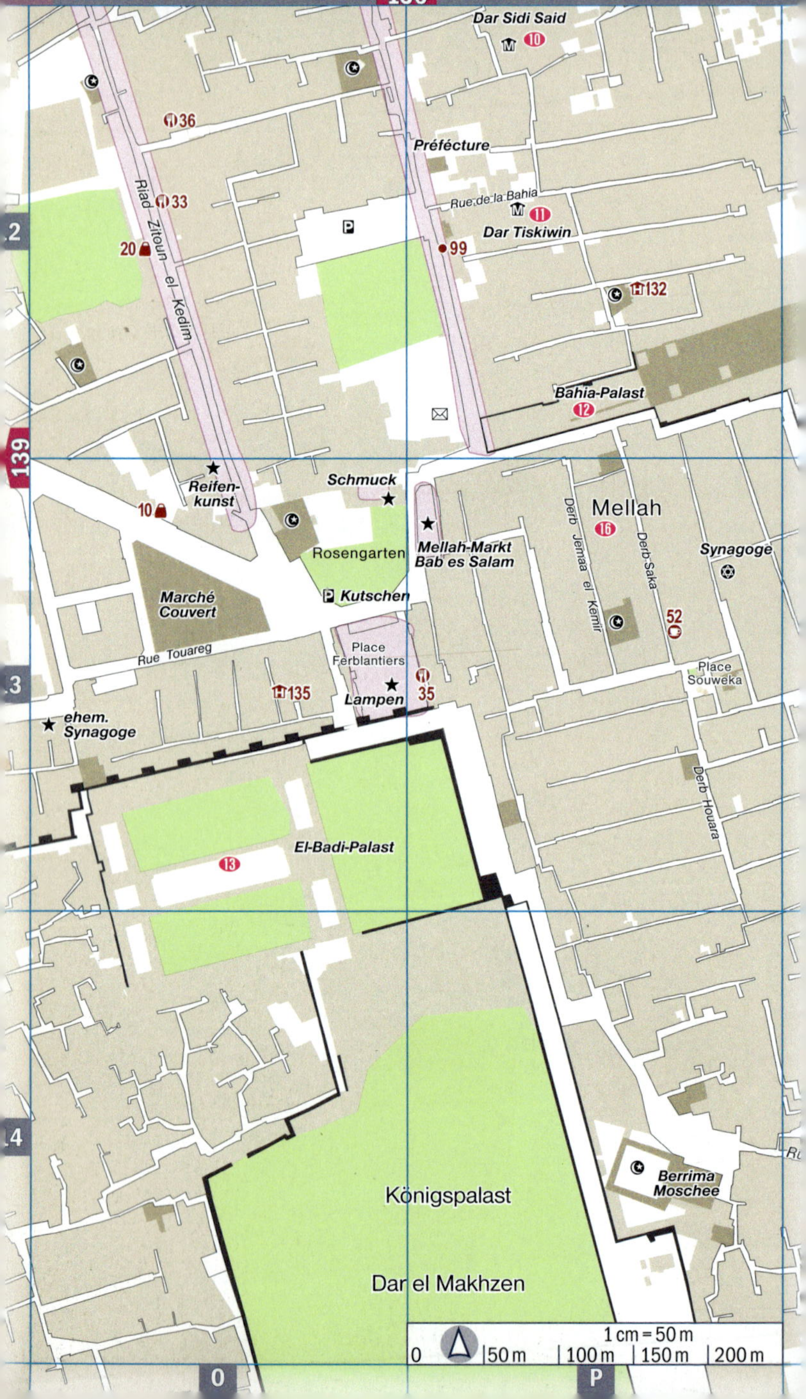
136
Dar Sidi Said
10
36
Préfécture
Rue de la Bahia
11
Dar Tiskiwin
Riad Zitoun el Kedim
33
20
99
132
Bahia-Palast
12
139
Reifen-
kunst
10
Schmuck
Mellah
16
Derb Jemaa el Kémir
Derb Saka
Synagoge
Mellah-Markt
Bab es Salam
Rosengarten
Kutschen
Marché
Couvert
52
Rue Touareg
Place
Ferblantiers
Place
Souweka
135
Lampen
35
ehem.
Synagoge
Derb Houara
El-Badi-Palast
13
Berrima
Moschee
Königspalast
Dar el Makhzen
1 cm = 50 m
0
50 m
100 m
150 m
200 m
O
P
2
3
4